El
devocional
mujeres
de la
Biblia

El devocional mujeres de la Biblia

*Inspiración a partir de las vidas,
los amores y el legado de mujeres
destacadas de la Biblia*

BARBOUR
ESPAÑOL
Un Sello de Barbour Publishing

ISBN 978-1-63609-593-6

Título en inglés: *Women of the Bible Devotional.*

Desarrollo editorial: Semantics, Inc. Semantics01@comcast.net

Publicado por Barbour Español, un sello de Barbour Publishing, Inc., 1810 Barbour Drive, Uhrichsville, Ohio 44683.

Nuestra misión es inspirar al mundo con el mensaje transformador de la Biblia.

Impreso en Estados Unidos de América.

Bienvenido al

Devocional Mujeres de la Biblia

Las mujeres de la Biblia conforman un grupo muy variado. Algunas, como María, la madre de nuestro Señor, nos presenta una imagen maravillosa de la fe. Otras, como Jezabel o Dalila, son serias advertencias contra el pecado. Luego están las mujeres aparentemente normales, las que quizás reciben apenas una mención en las Escrituras, cuyas vidas se parecen mucho a las nuestras.

Cada mujer de la Biblia tiene una historia, ya sea breve o larga, y Dios nos muestra a través de cada una alguna verdad de su Palabra. A veces, estas mujeres nos ayudan a entender una verdad espiritual importante, o ilustran un problema al que nos hemos enfrentado nosotras, como apenas creyentes o como personas claramente llenas de fe. Pero independientemente del nivel de éxito de la vida de una mujer de la Biblia —o de nuestra vida—, hay una verdad que sigue siendo segura: Dios muestra su amor imperecedero en la vida de cada creyente.

Dios ama a las mujeres —a las que de hace milenios y a las de hoy— y los ejemplos de unas y otras pueden brillar con la verdad máxima de su amor. Las mujeres aquí descritas nos guían a través de los aspectos duros y difíciles de este mundo hacia la paz que viene de conocerlo a él.

Como complemento a las historias de estas mujeres, este volumen incluye listas alfabéticas con algunos nombres de mujer que aparecen en la Biblia y sus significados. Aparecen en las páginas 17, 28, 39, 50, 61, 72, 83, 94, 105, 116, 127, 138, 149, 160, 171, 182 y 191.

LAS HIJAS DE FELIPE:
Ánimo

Al día siguiente salimos y llegamos a Cesarea, y nos
hospedamos en casa de Felipe el evangelista, que era uno de
los siete; este tenía cuatro hijas solteras que profetizaban.

HECHOS 21.8–9 NVI

De camino a Jerusalén, Pablo se detuvo en Cesarea para estar con Felipe el evangelista, uno de los siete que, junto con Esteban, habían sido elegidos para atender a las viudas judías griegas que habían sido ignoradas en la distribución de alimentos en la iglesia (Hechos 6.1–5). Cuando Pablo lo visitó, en casa de Felipe vivían cuatro hijas suyas creyentes, que profetizaban.

Qué orgulloso debía de estar Felipe de su casa llena de chicas. En muchos hogares, conviven los fieles con los que carecen de fe o que, en el mejor de los casos, están tibios, pero la labor de Felipe fuera de casa también había repercutido en su familia, y las verdades que él compartía se transmitían a través de sus hijas. *Era* un legado del que estar orgulloso, que daba testimonio de su coherencia en la fe y la acción, así como de la obra de Dios en la vida de su familia. Dios le dio a Felipe un papel importante, el de nutrir esos cuatro dones que Dios le había dado.

¿Tienes alguna familiar que sea fiel a Dios? Transmítele tu orgullo por su voluntad de servir a Dios. Anímala en los días en que la vida se complica. Y hazle saber que alguien la ama todos los días, ¡también los difíciles!

LA MUJER VIRTUOSA:
Una actitud bendita

Engañoso es el encanto y pasajera la belleza;
la mujer que teme al Señor es digna de alabanza.
PROVERBIOS 31.30 NVI

Se ha escrito mucho sobre la mujer de Proverbios 31. Es fácil pensar que no hay nada que esta mujer no pueda hacer. Seguramente no exagero al decir que la mayoría de nosotras nos sentimos un poco intimidadas ante ella. Nos vemos insignificantes al compararnos con esta mujer tan polifacética.

Pero si desglosas este proverbio verás que no hay mucha diferencia entre la mujer de Proverbios 31 y nosotras. Sí, la época, el lugar y la cultura no eran los mismos, pero hay muchas otras similitudes entre ella y nosotras. Esta mujer hacía las mismas cosas que nosotras. Cuidaba de su familia, buscaba buenas ofertas, echaba una mano, honraba a su esposo, amaba a sus hijos, atendía las necesidades de los demás, planificaba, compraba y confiaba en Dios. Igual que nosotras.

Entonces, ¿dónde está la diferencia entre ella y nosotras? ¿Será en la actitud? La mujer de Proverbios 31 confiaba plenamente en Dios a lo largo de su jornada. Ella vivía este versículo: «Hagan lo que hagan, trabajen de buena gana, como para el Señor y no como para nadie en este mundo» (Colosenses 3.23 NVI).

La mujer de Proverbios 31 nos da un ejemplo de lo que ocurre cuando amamos al Señor y deseamos servirle. No la envidiemos; aprendamos de ella. Seremos bendecidas si lo hacemos.

JEMIMA, CESIA Y KEREN–HAPUC:
Las hijas de Job

*Y tuvo siete hijos y tres hijas. Llamó el nombre de la primera,
Jemima, el de la segunda, Cesia, y el de la tercera, Keren-
hapuc [...], y les dio su padre herencia entre sus hermanos.*
JOB 42.13–15 RVR1960

Job recibió a sus hijas como parte de una entrega de restauración. Job perdió la familia, las riquezas y la salud. Desolado,
mantuvo un cara a cara con Dios, donde recibió revelaciones
espirituales que cambiaron su perspectiva y su carácter.
Después, Dios le devolvió a sus hijos, sus bienes y su salud.

Las hijas que Dios le dio a Job, Jemima, Cesia y Keren-
hapuc, tenían la fama de ser las mujeres más bellas del
mundo. También eran atípicas en otro sentido: Job les dio una
herencia. Las hijas de Job recibieron una gran riqueza, que
también puede simbolizar una herencia espiritual.

Podemos compartir la herencia espiritual que recibieron
estas hijas. Uno de los aspectos de esa herencia es la manera
de entender el sufrimiento.

Las hijas de Job tuvieron que haber aprendido de primera
mano de su padre que nunca sufrimos solas. Muchos siglos
antes del nacimiento de Cristo, Job declaró: «Yo sé que mi
redentor vive, y que al final triunfará sobre la muerte» (Job
19.25 NVI). Cuando sufrimos, tenemos la compañía de Cristo.

Job también declaró que, aunque nunca sepamos el por-
qué del sufrimiento, podemos confiar en el Dios que lo permite. Su sabiduría es más elevada que la nuestra. Como dijo
Job: «De oídas había oído hablar de ti, pero ahora te veo con
mis propios ojos. Por tanto, me retracto de lo que he dicho, y
me arrepiento en polvo y ceniza» (Job 42.5–6 NVI).

Cuando sufras, recuerda que compartes el legado espiritual de las hijas de Job.

CESIA:
Dios conocía su nombre

Llamó el nombre [...] de la segunda Cesia.
JOB 42.14 RVR1960

Cesia es la segunda hija de Job, nacida después del gran sufrimiento y la restauración de Job. Cabe destacar que la Biblia registra su nombre y el de sus hermanas, mientras que sus hermanos no se nombran.

No sabemos por qué Cesia y sus hermanas son las mencionadas, pero sí sabemos que Dios conoce a los suyos por nombre y que llama a cada persona por su nombre para declarar que ha sido seleccionada para una tarea divina.

Que Dios te conozca por tu nombre revela la naturaleza personal y familiar de la relación que él quiere establecer contigo. Isaías 43.1 (NVI) dice: «Te he llamado por tu nombre; tú eres mío». Como persona conocida por Dios y que le pertenece, puedes confiar en su protección, en su compañía y en que él cree en tu potencial.

Dios dice que nos llama por nuestro nombre porque quiere que lo conozcamos (Isaías 45.4). Conocer a Dios es algo a lo que todos estamos llamados y que merece que le dediquemos todas las energías de nuestra vida.

A veces, Dios nos llama por nuestro nombre para revelar una tarea específica que desea que realicemos. Cuando sintamos que Dios nos llama, seamos como Samuel, que respondió a la voz de Dios diciendo: «Habla, SEÑOR, que tu siervo te escucha» (1 Samuel 3.9 NVI).

ELISABET:
Nada es imposible para Dios

Además, tu parienta Elisabet, ¡quedó embarazada en su vejez! Antes la gente decía que ella era estéril, pero ha concebido un hijo y ya está en su sexto mes de embarazo. Pues la palabra de Dios nunca dejará de cumplirse.

Lucas 1.36–37 NTV

Cuando algo imposible e inesperado se convierte en realidad, se materializa un milagro. Elisabet soñaba con tener un hijo. Esperó la mayor parte de su vida, y al final la noticia de su embarazo se hizo realidad. Su milagro no solo fortaleció su fe, sino que también animó a la madre de Jesús.

María debió de sentirse abrumada por la noticia: para una mujer virgen, descubrir que estaba embarazada y que el niño que llevaba era el Hijo de Dios sería una gran conmoción. Entonces supo que su prima, Elisabet, también estaba embarazada. El ángel utilizó la sorprendente noticia de Elisabet para asegurarle a María que su extraordinaria experiencia provenía de Dios.

A veces es difícil distinguir la verdad. Oímos comentarios vagos como: «Algún día pasarán tus problemas» o «Con el tiempo verás la lección de esta pérdida».

Lo que más ayuda en tiempos de confusión es tocar algo real y auténtico. María conocía a Elisabet. Ambas estaban embarazadas. Y, dada la edad de Elisabet, María sabía que esto solo podía ser un regalo de Dios. La noticia del embarazo de Elisabet le dio a María esperanza y consuelo, cuando ella misma estaba adentrándose en un futuro desconocido.

Dios sabe aprovechar los recursos: a menudo actúa de manera que no solo bendice a una persona, sino a muchas. Cuando su gracia se derrama sobre alguien, provee también para los demás. Una bendición se multiplica en muchos milagros. Para Dios no hay nada imposible.

RAJAB:
Vivir en el pasado

*De igual manera, ¿no fue declarada justa por las
obras aun la prostituta Rajab, cuando hospedó a
los espías y les ayudó a huir por otro camino?*
SANTIAGO 2.25 NVI

En el Salón de la Fama de la Fe que se encuentra en Hebreos se menciona a dos mujeres: Sara, la esposa de Abraham, y Rajab. Más adelante en el Nuevo Testamento, Santiago vuelve a poner a Rajab como ejemplo de fe.

Cuando los espías que Josué envió a Jericó se refugiaron en la posada de la prostituta, no podían imaginarse el legado perpetuo de ella. Rajab no sobrevivió a su pasado. Las epístolas la mencionan como «Rajab la prostituta», sin olvidar esa etiqueta, como «Iván el Terrible» o «Jack el Destripador».

La antigua ocupación de Rajab sirvió para que luego ella fuera un ejemplo ideal de la verdadera fe. Ser una idólatra cananea ya era bastante malo. Pero una prostituta que podría haber trabajado en un templo pagano no merecía de ninguna manera un lugar en el linaje del Mesías. Sin embargo, como leemos en Rut 4 y en Mateo 1, David era tataranieto de Rajab. Y el Mesías era descendiente de David.

Si Dios pudo utilizar a una prostituta para traer un Salvador al mundo, ¿qué no hará con nosotras? A veces, Dios nos da nuevos nombres con nuestro nuevo nacimiento. Jacob el engañador se convirtió en Israel el príncipe. Otras veces, él nos pide que llevemos nuestra etiqueta con orgullo.

Puede que tengamos una etiqueta de la que deseemos desprendernos, un pasado que queramos borrar. Pero tal vez Dios quiera hacer alarde de esa etiqueta para mostrar su gracia.

MARÍA DE BETANIA:
Al grano

Cuando María llegó adonde estaba Jesús y
lo vio, se arrojó a sus pies y le dijo:
—Señor, si hubieras estado aquí, mi hermano no habría muerto.
JUAN 11.32 NVI

Cuando Jesús visitaba a María y a sus hermanos, Marta y Lázaro, ella lo dejaba todo para escuchar sus enseñanzas, algo mucho más importante que servir comidas delicadas o tener los muebles impolutos. María amaba a Jesús, y él la amaba a ella y a su familia.

Cuando Lázaro enfermó gravemente, las hermanas enviaron un mensaje a Jesús, confiando en que vendría inmediatamente y lo sanaría.

Pero Jesús no vino. Lázaro empeoró y murió.

Cuando finalmente el Sanador se acercó a Betania, Marta salió a su encuentro. María, sin embargo, se quedó en casa hasta que Marta volvió y dijo: «Jesús pregunta por ti».

María se apresuró hasta él y cayó a sus pies. Esta vez, sin embargo, Jesús no tenía delante unos ojos embelesados. Las lágrimas caían por las mejillas de María. Ella achacó la muerte de Lázaro al retraso de Jesús. ¿Dónde había estado Jesús cuando María más lo necesitaba?

Ninguna mujer dirigiría tales reproches a un rabino. Jesús podría haberse negado a responderle. Pero la honestidad de ella no hizo mella en su relación. Jesús lloró con María. Entonces le dio la sorpresa de su vida: Lázaro volvió a la vida.

Como María, podemos sincerarnos con Jesús cuando no entendemos lo que está haciendo en nuestras vidas. Él no nos dará la espalda. Y tiene un plan que es más grande y mejor de lo que podemos imaginar.

LA MUJER RICA DE SUNEM:
Corazón generoso

Cierto día, Eliseo fue a la ciudad de Sunem y una
mujer rica que vivía allí le insistió que fuera a
comer a su casa. Después, cada vez que él pasaba
por allí, se detenía en esa casa para comer algo.

2 Reyes 4.8 NTV

Era un viaje sencillo por la ciudad, Eliseo ya lo había hecho antes. Esta vez, sin embargo, una sunamita invitó a Eliseo a compartir una comida con su familia. Su hospitalidad no terminó ahí; preparó un cuarto en su casa e invitó a Eliseo a quedarse allí cuando estuviera en la ciudad.

La sunamita percibió una necesidad. A esa percepción se sumó su voluntad de tomar lo que tenía y utilizarlo para satisfacer esa necesidad. Eso implicó dar su tiempo, energía y dinero.

Cuando Eliseo le preguntó si había algo que pudiera hacer en respuesta a su amabilidad, ella le dijo que no. Estaba muy contenta con lo que tenía. Con el tiempo, fue bendecida con un hijo, pero no era una bendición que ella hubiera buscado.

Oremos y pidamos a Dios una actitud como la de aquella sunamita. Pidámosle a Dios que mantenga nuestros ojos abiertos para ver cómo podemos ministrar a los demás. Pidamos también a Dios que no nos deje caer en la trampa de pensar que los pequeños actos de servicio no son importantes. A menudo son estos pequeños gestos de amabilidad los que llegan más lejos.

LA MUJER PROMISCUA:
No te dejes engañar

La sabiduría te librará de la mujer inmoral,
de las palabras seductoras de la mujer promiscua.
PROVERBIOS 2.16 NTV

La mujer inmoral que se menciona en Proverbios es una prostituta, una mujer que ofrece servicios sexuales por un precio. Proverbios la describe como ruidosa, desafiante, descarada, indisciplinada e ignorante. Ofrece sus favores al mejor postor. Se caracteriza por los excesos.

En el libro de Proverbios, se aconseja a los hombres que se alejen de las mujeres inmorales, y la Biblia declara claramente que la prostituta y los que van con ella se encaminan a la muerte. Su autoindulgente falta de moderación es juzgada como detestable, desagradable para Dios y digna de un castigo severo y contundente.

Sin embargo, en las historias del Antiguo Testamento donde aparecen prostitutas, Dios también incluye la promesa de que perdonará y establecerá relaciones saludables y de amor verdadero con las mujeres inmorales si se arrepienten y se vuelven hacia él. En los Evangelios, Jesús pone en práctica esta verdad buscando, perdonando y sanando a las prostitutas.

Esto es un recordatorio conmovedor de que no importa cuál sea nuestro pecado, Dios siempre está dispuesto a perdonar y restaurar para que podamos disfrutar de una relación con él. «Recordarás tus pecados y te cubrirás la boca enmudecida de vergüenza, cuando te perdone por todo lo que hiciste. ¡Yo, el Señor Soberano, he hablado!» (Ezequiel 16.63 NTV).

ABIGAIL:
¿Demasiado arriesgado?

---

*Entre tanto, uno de los siervos de Nabal fue a decirle a Abigail:
«David envió mensajeros desde el desierto para saludar a
nuestro amo, pero él les respondió con insultos. Estos hombres
nos trataron muy bien y nunca sufrimos ningún daño de
parte de ellos. Nada nos fue robado durante todo el tiempo
que estuvimos con ellos. De hecho, día y noche fueron como
un muro de protección para nosotros y nuestras ovejas».*
1 SAMUEL 25.14–16 NTV

Parece ser que al rico Nabal le gustaban los riesgos. David
había pedido comida para sus soldados, que habían protegido
a los pastores y rebaños de Nabal cuando David estuvo en
guerra con Saúl, y nunca habían saqueado ni un cordero. Sin
embargo, este codicioso, dueño de tres mil ovejas, rechazó
al desposeído pero poderoso guerrero. ¿Es que no se daba
cuenta del peligro de tener guerreros con espadas afiladas a la
puerta de su casa?

Aunque Nabal no reconoció lo arriesgado de su codicia,
su siervo sí lo hizo y corrió hacia la esposa de Nabal, Abigail.
Unas pocas palabras le hicieron reconocer el peligro, no solo
por parte de David, sino posiblemente de Dios, ya que David
era su rey ungido, y su Señor podría defender la justicia de su
causa. Abigail comprendió esos riesgos y no quería correrlos.
Inmediatamente le llevó alimentos a David, y su rápida acción
salvó por poco la vida de toda su casa.

Como Abigail, nosotras también nos enfrentamos a
menudo a los riesgos espirituales asociados a la codicia.
¿Podemos reconocerlos y evitar ser destruidas por culpa de
nuestras posesiones?

¿QUÉ SIGNIFICA EL
NOMBRE DE ESA MUJER?

Al igual que hoy, algunos nombres bíblicos tenían su significado. Aquí tienes algunos de esos significados, incluidos los nombres de algunas mujeres de este libro.

ABI: Paternidad

ABIÁ: Adoradora de Dios

ABÍAS: Adoradora de Dios

ABIGAIL: Fuente de gozo

ABISAG: Torpe

ABITAL: Fresca, nueva

ACSA: Pulsera de tobillo

ADA: Ornamento

MERAB:
¿Quién quiere ser princesa?

Una quimera es la gente de humilde cuna,
y una mentira la gente de alta alcurnia;
si se les pone juntos en la balanza, todos ellos no pesan nada.
SALMOS 62.9 NVI

Merab, la hija mayor del rey Saúl, gozaba de lo mejor: comida exquisita, bellos vestidos, diversión fastuosa. No esperaba menos para el resto de su vida, pues a medida que se hacía mayor, venían hombres de alta posición para casarse con ella.

Saúl ofreció la mano de su hija a quien venciera a Goliat. Cuando David lo venció, Saúl sintió celos. Le prometió a Merab si seguía derrotando a los enemigos de Israel. El pastor hecho en soldado parecía reacio, dado su origen humilde, así que Merab se casó con Adriel de Mejolá (1 Samuel 18.18–19).

Sin embargo, David se casó con su hermana Mical. ¿Cómo reaccionó Merab? Quizás era la primera vez que no recibía el trato preferente que esperaba.

Más tarde, su sangre real resultó letal para sus descendientes. El rey Saúl masacró a los gabaonitas, a quienes Israel había prometido proteger. Ellos le exigieron a David que entregara a siete de los descendientes varones de Saúl para reparar el daño. Cinco de los hombres que David entregó para ser ejecutados eran hijos de Merab (2 Samuel 21.8–9).

Nuestro estilo de vida puede parecernos, en el mejor de los casos, aburrido, y en el peor, monótono. Pero como demuestra la historia de Merab, la riqueza y la alta cuna no siempre dan la felicidad. Incluso pueden resultar desastrosos para nuestras familias.

Sin embargo, seamos ricas o pobres, podemos convertirnos en hijas del Rey. Por medio de su Hijo Jesús podemos poseer la máxima seguridad y el tesoro celestial.

¿Qué más podría querer una princesa?

JUANA Y SUSANA:
Una vida de libertad

Juana, la esposa de Chuza, administrador de Herodes;
Susana; y muchas otras que contribuían con sus
propios recursos al sostén de Jesús y sus discípulos.
LUCAS 8.3 NTV

Juana y Susana fueron dos de las muchas mujeres que se
unieron al grupo de seguidores de Jesús. En la cultura judía,
a las mujeres no se les permitía relacionarse con los rabinos,
así que, al acompañar a Jesús y sostener a sus seguidores
(muchos de ellos hombres) con sus propios recursos, estas
mujeres salieron de los roles culturales.

Tal vez fue la gratitud lo que las llevó a dejar de lado los
roles culturales. Jesús las había salvado de la enfermedad o
satisfecho su mayor necesidad, obligándolas a dejar la vida
que habían conocido para dedicarse al servicio y la generosidad. O tal vez la libertad que Jesús les había proporcionado de
una enfermedad esclavizante o de los espíritus malignos las
animó y las impulsó a buscar la libertad en todos los ámbitos
de la vida.

Dondequiera que va, Jesús promete libertad. «Libraré
de la cisterna seca a tus cautivos [...]. ¡Nunca más un opresor
invadirá a mi pueblo!» (Zacarías 9.11, 8 NVI).

¿En qué áreas de la vida anhelas libertad? Tal vez anhe-
les ser libre de la enfermedad, de hábitos destructivos, de
emociones debilitantes o de lo que piensen los demás. Pídele
libertad a Jesús. Él vino a liberarte en cada área de la vida, así
como liberó a Juana y a Susana.

Busca a Jesús hasta que él deshaga tus ataduras. Luego
respóndele con gratitud auténtica y una vida de servicio.

LA VIUDA DE NAÍN:
Duelo y sanidad

Poco después Jesús, en compañía de sus discípulos y de
una gran multitud, se dirigió a un pueblo llamado Naín.
Cuando ya se acercaba a las puertas del pueblo, vio que
sacaban de allí a un muerto, hijo único de madre viuda.

Lucas 7.11–12 NVI

Quedarse viuda cambia la vida. En esta época de la historia, la viuda sufría, además de la agonía de su pérdida, los rigores de las costumbres culturales. La seguridad de una mujer dependía de su marido. Si él moría, ella dependía de su hijo para que la ayudara. Si fallecía su hijo, la viuda estaba realmente perdida.

A esto se enfrentaba la viuda de Naín. Sin marido y ahora enterrando a su hijo, apenas podemos imaginar el temor, las ansiedades y las preguntas que pasan por su mente. ¿Cómo iba a sobrevivir? ¿Qué sería de ella ahora? Sin embargo, en medio del funeral de su hijo, aparece Jesús. Movido por la compasión, Jesús le devuelve a la mujer su hijo.

Cuando nos enfrentamos a una pérdida, Jesús está ahí. Dios nos da estas palabras de seguridad: «El Señor está cerca de los quebrantados de corazón y salva a los de espíritu abatido» (Salmos 34.18 NVI).

Experimentaremos el dolor en nuestras vidas. También experimentaremos la sanidad. El dolor de la viuda se curó inmediatamente. Para nosotras, el proceso de sanidad tiene lugar con el tiempo. Sin embargo, podemos estar seguras de que ocurrirá, porque la compasión de Jesús no tiene fin. Al igual que tendió la mano a esta viuda, también lo hace con nosotras.

EVODIA Y SÍNTIQUE:
Desacuerdos entre amigas

Ahora les ruego a Evodia y a Síntique, dado
que pertenecen al Señor, que arreglen su desacuerdo.
Y te pido a ti, mi fiel colaborador, que ayudes a esas
dos mujeres, porque trabajaron mucho a mi lado
para dar a conocer a otros la Buena Noticia.

FILIPENSES 4.2–3 NTV

Las dos adolescentes se quedaron mirando al suelo. La tensión era palpable tras las palabras que se habían intercambiado. La madre de una de ella intervino: «Ustedes tienen una amistad especial. No dejen que las palabras se interpongan entre ustedes. Lo que ustedes tienen es muy valioso. Hónrenlo. Consérvenlo. La amistad las fortalece a ambas».

Ninguna de las dos, ahora mujeres, recuerda el motivo de la discusión. Una mediadora aportó sabiduría y perspectiva a la situación. Con espíritu perdonador, dejaron atrás la discusión y restablecieron con amor la amistad que más de cinco décadas después aún continúa. Se han visto la una a la otra pasar tiempos difíciles de matrimonios, nacimientos y muertes. Un momento podría haber deshecho el regalo de una amistad de toda la vida, salvada por unas sabias palabras.

Pablo veía el preciado don de la amistad entre Evodia y Síntique, dos filipenses trabajadoras y fieles. Arreglen su desacuerdo, aconsejó.

Las discusiones suelen destruir las relaciones. Se dicen palabras que sería mejor no decir. Se hieren sentimientos y se hace difícil perdonar.

Las diferencias de opinión pueden dividir, pero la amistad es algo que merece la pena. Con el bálsamo del perdón, una dosis de amor y corazones dispuestos a seguir adelante, las relaciones pueden sanar. La amistad es un tesoro por el que merece la pena luchar.

ABITAL:
Solo una nota a pie de página

Estos son los hijos que le nacieron a David en Hebrón
[...]. El quinto fue Sefatías, y su madre fue Abital.
2 SAMUEL 3.2, 4 NTV

Podemos suponer que Abital se convirtió en la esposa o concubina de David cuando aún era rey solo de Judá, ya que su hijo Sefatías nació en Hebrón, donde David gobernaba antes de que Israel quedara bajo su mando. Pero, a diferencia de Abigail y Mical, no sabemos nada de la relación de esta mujer con el rey. Abital fue una de las mujeres menos conocidas de David y no tenía nada de la estatura de esas honorables esposas cuyas historias se cuentan junto a la suya.

Abital no solo es una simple nota bíblica a pie de página, también lo es su hijo, que obviamente nunca causó suficientes problemas como para merecer más que una breve mención en la Biblia, ni hizo un bien tan destacado como para recibir un lugar en la historia judía. Puede que Abital y Sefatías fueran buenas personas, amadas por amigos y familiares, pero no tenían una posición elevada en la corte, y Sefatías era un quinto hijo, de poca o ninguna relevancia histórica.

Pero muchas personas ordinarias y fieles, que nunca destacan entre la multitud, son conocidas y amadas por Dios. Tal vez, junto con Abital y Sefatías, pertenezcamos a ese grupo. Aunque pocas personas conocen nuestros nombres o incluso nuestras buenas obras, Dios sí. Y, puesto que le amamos y servimos, aunque sea en silencio, también compartiremos la eternidad con él.

RIZPA:
Velando

Rizpa hija de Ayá tomó un saco y lo tendió para acostarse sobre la peña, y allí se quedó desde el comienzo de la siega hasta que llegaron las lluvias. No permitía que las aves en el día ni las fieras en la noche tocaran los cadáveres.

2 SAMUEL 21.10 NVI

Cuando el pueblo de Israel llegó a la tierra prometida, hizo un pacto imprudente, pero inquebrantable, con los gabaonitas. Siglos después, el rey Saúl rompió ese compromiso, lo que causó la muerte de muchos.

Durante el reinado de David, Dios trajo una sequía sobre Israel por culpa del mal paso de Saúl. Decidido a reparar el daño, David preguntó a los gabaonitas cómo podía compensar por el agravio cometido contra ellos. Su respuesta: que maten a siete de los descendientes varones de Saúl.

Sin buscar la voluntad de Dios, David entregó a los descendientes de Saúl, incluidos dos hijos de la concubina real Rizpa. Los gabaonitas los mataron, los colgaron de árboles y no los enterraron. Rizpa cambió las telas reales de púrpura por una áspera arpillera. Veló los cadáveres mientras los días se convertían en semanas, durmiendo solo a ratos, ahuyentando a las aves carroñeras y a los animales carroñeros. Nada podía hacer tambalear su vigilancia.

Su valentía llamó la atención de David. El rey mandó recoger los cuerpos y enterrarlos en la parcela familiar, junto con los huesos de Saúl y Jonatán, insepultos hasta ese momento. La sequía terminó.

Rizpa contribuyó a la sanidad de una nación dividida. Su acto nos recuerda el de otra valiente. Al final de una dura jornada de trabajo, Rosa Parks se sentó en un autobús.

Como Rizpa y Rosa, podemos cambiar el curso de las naciones con un solo acto de valentía.

MILCA:
¿Un vínculo mesiánico?

*Yo sé que el Señor, nuestro Soberano, es más grande
que todos los dioses. El Señor hace todo lo que quiere
en los cielos y en la tierra.*

Salmos 135.5–6 NVI

Milca, la esposa del hermano de Abraham, Najor, se despidió
de su cuñado y de su esposa, Sara. Los parientes de Milca se
trasladaron de Jarán, situada en la actual Turquía, a Canaán
(Génesis 12). Ella y Najor siguieron siendo ciudadanos
prominentes de Jarán, una concurrida ciudad comercial
dedicada a Sin, una deidad lunar. Tal vez fue su acomodación
a la cultura pagana lo que provocó la orden de Dios de que
Abraham y Sara se separaran de la familia, lo que implicaba
alejarse radicalmente de lo que marcaba la norma. Las escrituras posteriores demuestran que los descendientes de Milca
veneraban tanto al Señor (Génesis 24.50; 29.31–35) como a
los ídolos (Génesis 31.29–30).

Milca tuvo poco tiempo para acordarse de Abraham y
Sara, ya que dio a luz a ocho hijos (Génesis 22.20–23). Sus
días estaban repletos cambiando pañales, poniendo paz entre
los niños y limpiando narices.

Probablemente no se vio a sí misma como un eslabón en la
cadena de acontecimientos de Dios para redimir a la humanidad. Sin embargo, el hijo de Milca, Betuel, engendró a Rebeca
y a Labán. Los hijos de estos, Jacob y Lea, que eran primos, se
casaron y tuvieron a Judá, de cuya tribu vino Jesucristo.

Como Milca, a veces dejamos que el ajetreo cierre nuestros ojos al plan de Dios y a nuestro lugar en él. Nosotras también nos acomodamos a nuestra cultura y no lo adoramos a él.

Aun así, Dios usa nuestras vidas para cumplir sus propósitos, tanto si abrazamos su soberanía y su gracia como si per-
mitimos que las presiones cotidianas ahoguen su verdad.

VASTI:
La reina apartada

La reina Vasti estaba casada con Jerjes, un rey propenso al comportamiento impulsivo. El rey Jerjes celebró un banquete para sus nobles y funcionarios junto con otros invitados de honor. Después de varios días de fiesta y celebración, mandó llamar a la reina Vasti para que se presentara ante él. El rey quería presumir de su bella reina ante los invitados de su fiesta.

No sabemos con certeza por qué la reina Vasti se negó a obedecer la petición del rey. Quizás estaba molesta con el rey Jerjes y quería hacerle quedar mal ante sus invitados. Quizá respondió así por humildad. Sabía que habían tomado mucho vino, y no quería ponerse en la situación de exponerse a las miradas de hombres ebrios. Sean cuales fueran sus razones, su decisión le costó su título de reina y el no poder presentarse de nuevo ante el rey Jerjes.

Esto es lo que pasa con las decisiones. Traen bendiciones o consecuencias. Tal vez por eso, en el libro de Hageo, Dios nos recuerda: «¡Reflexionen sobre su proceder!» (Hageo 1.7 nvi).

En nuestra vida diaria, encararemos muchas elecciones. Y nos enfrentaremos a los resultados de nuestras decisiones. Por lo tanto, dediquemos tiempo a buscar en oración la sabiduría de Dios antes de decidir lo que vamos a hacer. Nos alegraremos de haberlo hecho.

JOCABED:
Solucionadora creativa

Amram y Jocabed eran los padres de Aarón,
Moisés y su hermana Miriam.

NÚMEROS 26.59 NTV

Jocabed tuvo un trío de impresionantes descendientes que destacaron en el rescate del pueblo hebreo de Egipto. Que su hijo menor, Moisés, llegara a vivir su infancia es un hecho notable, y su rescate puede atribuirse en parte al ingenio de su madre.

El pueblo hebreo vivía como esclavo en Egipto y el faraón, sintiéndose amenazado por cuánto se multiplicaban, ordenó que todos los bebés hebreos fueran ahogados en el Nilo. Cuando el niño Moisés ya había crecido demasiado para ocultarlo, Jocabed lo colocó en una cesta de juncos y lo puso a flotar en el Nilo hasta llegar a los brazos de la hija del faraón, que decidió criar a Moisés como hijo suyo.

Esta inteligente estratagema frustró la destrucción que pretendía el faraón. Moisés vivió y con el tiempo guio al pueblo de Dios a la libertad.

A veces, la vida trae consigo retos que parecen insuperables. Imagínate el terror que debió de sentir Jocabed al dar a luz a un bebé varón tras la orden del faraón de matar a todos los bebés varones. En lugar de dejarse paralizar por la confusión de sus circunstancias, Jocabed puso en práctica una solución creativa.

Cuando te enfrentes a retos desconcertantes, pídele a Dios soluciones creativas. Él promete prestarnos ayuda cuando la pidamos. «Si necesitan sabiduría, pídansela a nuestro generoso Dios, y él se la dará» (Santiago 1.5 NTV).

LA INFIDELIDAD:
Un lugar estrecho

Porque fosa profunda es la prostituta,
y estrecho pozo, la mujer ajena.
Se pone al acecho, como un bandido,
y multiplica la infidelidad de los hombres.
PROVERBIOS 23.27–28 NVI

La tentación sexual impregna nuestro mundo, ya sea por la foto de un chico muy atractivo o por algún apuesto compañero de trabajo. Si no nos preocupamos por resistir, los tentáculos del deseo nos envuelven rápidamente.

Las Escrituras dejan muy claro que para una cristiana la infidelidad no es opción. Además nos dan esta descripción de sus peligros. Lo que Dios hace no es negarnos una experiencia maravillosa, sino advertirnos de que la lujuria que parece tan deliciosa nos lleva, no a la alegría, sino a un lugar hondo y estrecho que destruye nuestras vidas.

¿Quién querría ser una fosa profunda o un estrecho pozo cuando podría ser mucho más siguiendo a Dios fielmente y mejorando la vida de muchas personas? La mujer virtuosa descrita en Proverbios 31.10–31, que es lo contrario de la retratada en este versículo, no tiene estrechez alguna. Su vida repercute en los demás con cosas buenas, mientras que esta mujer adúltera está ocupada secuestrando a hombres inocentes (o no tan inocentes) y atrayéndolos a su propio foso o pozo.

Dios da a cada mujer una elección: fidelidad y una vida amplia, o una vida estrecha ligada al sexo libre. Aunque las atracciones físicas de un momento puedan tener su interés a corto plazo, a largo plazo ningún pozo estrecho deja a nadie vivir con alegría.

¿QUÉ SIGNIFICA EL
NOMBRE DE ESA MUJER?

Al igual que hoy, algunos nombres bíblicos tenían su significado. Aquí tienes algunos de esos significados, incluidos los nombres de algunas mujeres de este libro.

AHINOAM: Hermano de lo agradable

AHLAI: Deseo

AHOLIBAMA: Tienda de la altura

ANA: Favorecida

ANÁ: Respuesta

ATALÍA: Dios ha obligado

ATARA: Corona

EVA:
El juego de la culpa

El hombre contestó: —La mujer que tú me diste
fue quien me dio del fruto, y yo lo comí.
Entonces el SEÑOR Dios le preguntó a la mujer:
—¿Qué has hecho?
—La serpiente me engañó—contestó ella—. Por eso comí.
GÉNESIS 3.12–13 NTV

Adán culpó a Eva. Eva culpó a la serpiente. Ambos señalaron que la responsabilidad estaba en otra parte. Aunque ambos conocían las reglas y ninguno de los dos siguió las instrucciones de Dios, nunca confesaron su participación personal en su desobediencia a Dios.

Tantos años después, nosotras también seguimos con el juego de la culpa. Achacamos todas nuestras dificultades al gobierno, a la sociedad e incluso a nuestras familias. «Si no hubiera ocurrido esto» o «no pude evitarlo» justifican nuestro comportamiento. Incluso culpamos de nuestra obesidad a los restaurantes. Culpar a otros es nuestra excusa para las malas decisiones, las malas acciones y la falta de acción.

Dios sabía que Adán y Eva habían comido del árbol del conocimiento del bien y del mal. Aun así, vino a ellos y les preguntó qué había pasado, ofreciéndoles la oportunidad de confesar su desobediencia. Eligieron no decir la verdad.

Dios sabe cuándo no lo seguimos, cuándo se desvían nuestros corazones. Él viene a nosotras, pidiéndonos que hablemos con él, que le contemos nuestras transgresiones. Sabemos que todo mal comportamiento tendrá consecuencias y es difícil admitir que nos hemos equivocado.

Dios no quiere nuestras excusas; nos quiere a nosotras. Tenemos que dejar de jugar al juego de la culpa, que nunca podremos ganar. Dios está listo para perdonar y recibirnos con amor como vencedoras con él.

RAJAB:
Esperar y observar

Antes de que cayeran los muros de Jericó, antes incluso de que los israelitas cruzaran el Jordán, Josué envió dos espías a Jericó.

Se hospedaron en casa de Rajab, que despistó al rey de Jericó para permitirles escapar a salvo. Luego colgó un cordón rojo en la pared, esperando protección en la batalla que se avecinaba. No podía imaginar lo larga que sería la espera.

Imaginemos que enero es el primer mes del calendario judío (no lo es, por supuesto). Pero el año de Rajab comenzó más o menos así:

1 al 3 de enero: los espías llegan y escapan con su ayuda.

10 de enero: los israelitas cruzan el Jordán (Josué 4.19).

14 de enero: comienza la celebración de la semana de Pascua (Josué 5.10).

22 de enero: después de la semana de Pascua, los israelitas marchan alrededor de Jericó por seis días.

28 de enero: los israelitas marchan alrededor de Jericó siete veces y la muralla se derrumba, con la excepción de la casa de Rajab: cuatro semanas desde su llegada.

Como Rajab, a menudo estamos atrapadas «en medio». Hemos sacado nuestro cordón rojo de la fe. Cuando le preguntamos a Dios: «¿Cuándo?». Él dice: «Pronto». El problema es que su definición de «pronto» no coincide con la nuestra.

Nunca dudes que Dios está actuando durante ese tiempo intermedio. Deja que él te prepare —y a los demás— para lo que se avecina.

LAS ESPOSAS DE LOS APÓSTOLES:
Parte del ministerio

¿Acaso no tenemos derecho a comer y a beber? ¿No tenemos
derecho a viajar acompañados por una esposa creyente, como
hacen los demás apóstoles y Cefas y los hermanos del Señor?
1 Corintios 9.4–5 nvi

Pablo tenía un problema que abordar. Se estaban planteando
cuestiones sobre una esposa que viajaba con su marido, y se
estaba aplicando un doble rasero. Así que Pablo se opuso a
esto y habló de ello.

La vida como apóstol no era fácil. De hecho, implicaba
mucho trabajo. Había viajes que hacer y cuestiones delicadas
con las que lidiar. Aparecían enemigos y podían encontrarse
un entorno hostil. Los apóstoles dependían con frecuencia de
otros para que les proporcionaran comida, techo o trabajo. Se
enfrentaban a momentos de acoso, tortura y dolor.

Qué reconfortante debía de ser para los apóstoles que
sus esposas viajaran con ellos. El estímulo de tenerlas al lado
habría marcado una gran diferencia en su ministerio. Saber
que alguien «les cubría las espaldas» probablemente los ayudaba a reaccionar con más audacia y confianza.

La esposa que viajaba con su marido también estaba
siendo bendecida. Tenía la oportunidad de impartir su conocimiento de Cristo a otras esposas y mujeres. Compartía el
regocijo de ver a alguien aceptar a Cristo. Escuchaba el evangelio repetidamente, lo que fortalecía su propia fe.

Las oraciones, el servicio y el estímulo de estas esposas
tuvieron un impacto en aquellos que llevaron la Palabra
de Dios al mundo. Son un ejemplo. Hagamos lo posible por
seguirlo, seamos o no casadas.

MIRIAM:
Hermana mayor mandona

Pero, si ustedes tienen envidias amargas y rivalidades
en el corazón, dejen de presumir y de faltar a la verdad.
Esa no es la sabiduría que desciende del cielo, sino
que es terrenal, puramente humana y diabólica.
SANTIAGO 3.14–15 NVI

«Moisés no debería haber tomado una esposa cusita», murmuró Miriam ante Aarón. «Como líder de Israel, no debería haberse casado con una mujer extranjera. Pero nuestro hermano pequeño cree que lo sabe todo».

«Tú también eres profetisa», dijo Aarón, «y yo soy el sumo sacerdote. Moisés podría pedirnos alguna vez *nuestra* opinión».

Al poco tiempo, Dios convocó a los tres hermanos a la tienda de reunión. Habló desde una columna de nube a Miriam y a Aarón. «Mi siervo Moisés [...] mi hombre de confianza. Con él hablo cara a cara [...]. ¿Cómo se atreven a murmurar contra mi siervo Moisés?» (Números 12.7–8 NVI).

La nube se levantó y Miriam gritó: «¡Lepra! ¡Tengo lepra!».

Aarón le rogó a su hermano que perdonara su pecado y ayudara a su hermana.

Moisés clamó: «¡Por favor, Señor, sánala!».

Lo hizo, pero ordenó que Miriam fuera llevada fuera del campamento por siete días.

Durante esa triste semana, seguramente tuvo sus luchas. ¿Por qué la castigó Dios a ella, si también Aarón estaba involucrado? Las Escrituras dicen que Aarón se arrepintió al instante, mientras que no vemos ninguna prueba de que Miriam se arrepintiera de su rebelión. Tal vez la mandona hermana mayor necesitaba tiempo para replantearse su relación con Dios y con su familia.

A veces nosotras tenemos que hacer lo mismo.

CETURA:
A la sombra de la primera esposa

Abraham tomó otra mujer, cuyo nombre era Cetura.
GÉNESIS 25.1 RVR1960

Cetura se convirtió en esposa de Abraham algún tiempo después de la muerte de su primera esposa Sara. Casada con el anciano Abraham, Cetura comparó sin duda su vida con la de la de Sara. Había oído hablar de su belleza sin igual (legendaria en aquellos tiempos), y sabía que el hijo de Sara, Isaac, siempre tendría más categoría que sus hijos. Sin embargo, Cetura le dio a Abraham seis hijos. Lo más probable es que viviera una vida de riqueza, de prestigio (estaba casada con un gran hombre) y de plenitud (en aquella época el mayor papel de una esposa era dar a luz hijos que llevaran el nombre de su marido).

No sabemos si Cetura se sentía como si viviera a la sombra de Sara o si saber que gozaba de menos prestigio que la primera esposa de su marido la molestaba como nos molestaría a nosotras.

Cuando vivimos a la sombra de alguien, podemos recordar que la Biblia nos aconseja no compararnos con los que nos rodean, sino cumplir fielmente con el deber que Dios nos ha asignado. Segunda de Corintios 10.12–13 (NVI) dice: «No nos atrevemos a igualarnos ni a compararnos con algunos que tanto se recomiendan a sí mismos [...]. Nos limitaremos al campo que Dios nos ha asignado según su medida, en la cual también ustedes están incluidos».

Podemos concentrarnos en la esfera del deber que Dios nos ha asignado y contar con él para que nos bendiga.

GOMER:
Desviarse de la fidelidad de Dios

Entonces el Señor me dijo: «Ve y ama otra vez a tu esposa, aun cuando ella comete adulterio con un amante. Esto ilustrará que el Señor aún ama a Israel, aunque se haya vuelto a otros dioses y le encante adorarlos».
Oseas 3.1 ntv

La infiel Gomer dejó a su marido, Oseas. Abandonando a sus hijos, se entregó a las tentaciones del mundo y a los malos deseos. Al final acabó en la esclavitud, prisionera de sus pecados.

Dios le ordenó a Oseas que buscara a Gomer y la trajera a casa. Oseas debía mantenerla a salvo y cuidar de ella. Lo más importante es que Oseas debía volver a amarla.

Gomer representa al pueblo de Israel. Dios cuenta esta historia para mostrar su voluntad de buscarnos, de proteger a su pueblo y proveer para él. Dios rescata a su pueblo de sus pecados y lo trae de vuelta a su corazón lleno de amor incondicional.

Pero Gomer también nos simboliza a nosotras, porque nos apartamos de los mandamientos de Dios. La atracción de las tentaciones nos seduce y nos aleja de los caminos de Dios.

Dios es siempre fiel. Nos encuentra donde nos escondemos, en las guaridas de la lujuria y la codicia. Él nos lleva a casa, a su corazón. En su naturaleza perdonadora, Dios busca constantemente restaurar nuestra relación con él. Se mantiene firme en su compromiso de amarnos incondicionalmente.

El amor inquebrantable de Dios sana nuestras almas y nos sirve de modelo para saber cómo debemos tratar a los demás.

Igual que Gomer, somos infieles. Pero la fidelidad de Dios es eterna.

ACSA:
Pregunta valiente

Cuando ella llegó, Otoniel la convenció de que le pidiera un terreno a su padre. Al bajar Acsa del asno, Caleb le preguntó:
—*¿Qué te pasa?*
—*Concédeme un gran favor —respondió ella—. Ya que me has dado tierras en el Néguev, dame también manantiales.*
Fue así como Caleb le dio a su hija manantiales en las zonas altas y en las bajas.

JOSUÉ 15.18–19 NVI

Otoniel, primo de Acsa, tomó la ciudad de Quiriat Séfer para obtener su mano, como su padre, Caleb, había exigido. Pero una vez casados, Acsa se dio cuenta de que tenían un problema: aunque poseían tierras, que su padre les había dado como dote, la propiedad carecía del agua que haría crecer los cultivos. Así que regresó a su padre y le pidió más propiedades que contuvieran manantiales. Amablemente, aunque por ley no tenía que hacerlo, Caleb accedió a mantener a los recién casados. Obviamente, este héroe de Israel amaba profundamente a su hija.

En su generosidad con ella, Caleb representa a nuestro Padre celestial. Aunque nos ha dado tanto, seguimos teniendo necesidades diarias. ¿Acudimos a él con confianza, sabiendo que, como el padre de Acsa, no nos fallará? A diferencia de Otoniel, que quizá dudó en pedir demasiado a su suegro, ¿acudimos confiadas en su amor por nosotras, aunque la petición pueda parecer muy grande? ¿O las dudas nos impedirán disfrutar de esas fuentes que podrían llenar nuestra vida de gozo?

RODE:
¿Estás loca?

Al reconocer la voz de Pedro, se puso tan
contenta que volvió corriendo sin abrir.
—¡Pedro está a la puerta! —exclamó.
—¡Estás loca! —le dijeron.
HECHOS 12.14–15 NVI

El apóstol Pedro había sido apresado. La iglesia creía que
seguiría los pasos de Santiago, al que habían martirizado poco
tiempo antes.

María, la madre de Juan Marcos, abrió su casa para una
reunión de oración. Tal vez sus oraciones recordaban su
oración anterior: «concede a tus siervos el proclamar tu
palabra sin temor alguno» (Hechos 4.29 NVI). No esperaban la
liberación.

Rode, la sirvienta de María, se quedó de guardia. A pesar
de su peligrosa situación, le confiaron el importante trabajo
de atender a la puerta. Ella abría a los creyentes para que
entraran y salieran según hiciera falta. Tenían que confiar en
su sentido común y en su buen juicio.

Nadie esperaba que Pedro se presentara. Cuando llegó,
Rode se quedó tan sorprendida que lo dejó en la calle mientras corría a contárselo a los demás.

Ella interrumpió la reunión de oración con sus buenas
noticias. En lugar de gritar aleluya, la llamaron loca.

Hoy la gente puede llamarnos locas por creer en un
Mesías muerto. Tal vez digan que somos unas ilusas por confiar en un libro no científico.

Como Rode, podemos proclamar con valentía la buena
nueva aunque encontremos una respuesta incrédula.

UN TESORO DE ESPOSA:
Un regalo de Dios

El hombre que halla esposa encuentra un
tesoro, y recibe el favor del Señor.
PROVERBIOS 18.22 NTV

La palabra *tesoro* nos trae muchas imágenes a la mente: monedas de oro, piezas de plata, piedras preciosas y otras joyas. Nos hace pensar en un cofre del tesoro escondido. Quizá nos recuerde a un cuento de aventuras en el que «la X marca dónde está». A veces, los tesoros son esos objetos que languidecen en un desván y cuyo valor solo se percibe años después.

¿Qué es lo que hace que una esposa sea digna de ser llamada tesoro? Quizá se deba a sus cualidades. Es una socia, una compañera, una ayudante. Es digna de confianza, fiable y amiga. Sin embargo, la mayor razón por la que una esposa es considerada un tesoro es porque así la considera Dios.

Cuando Dios creó a Eva, comentó: «No es bueno que el hombre esté solo. Voy a hacerle una ayuda adecuada» (Génesis 2.18 NVI). El papel de la esposa está diseñado por Dios. Desde el principio vemos que ella ocupa en la vida de un hombre una posición que nadie más tiene.

No todas las mujeres acaban siendo esposas. En lugar de desanimarte, recuerda que ser amable, confiable y servicial no son atributos que deban tener únicamente las esposas. Todas deberíamos esforzarnos por hacer que estas cualidades formen parte de nuestra vida cotidiana.

Si lo hacemos, tendremos un tesoro que vale la pena compartir.

JEZABEL:
Una mujer sin reparos

Jezabel su esposa, le dijo:
—¿Y no eres tú quien manda en Israel? ¡Anda, levántate y come,
que te hará bien! Yo te conseguiré el viñedo del tal Nabot.
1 REYES 21.7 NVI

Jezabel, esposa de un rey y recordada por su traición y brutalidad, sabía lo que quería y lo buscaba sin reparos. En una ocasión, conspiró para adquirir un viñedo para su marido. Hizo que el dueño de la viña fuera acusado falsamente y, en consecuencia, lo mataron por lapidación, dejando la viña libre para su marido.

Nada detuvo su implacable búsqueda de sus malvadas ambiciones. En esta vida, consiguió lo que quería. Y animó a su esposo a perseguir sus deseos egoístas, sin importar a quién perjudicara.

Nuestra cultura admira los rasgos que Jezabel ejemplificó como nadie. Ella no tenía reparos. Hacía que las cosas sucedieran. Movía a otros para que se hicieran las cosas. Sin embargo, Jezabel no tenía brújula moral. Cuando se puso a actuar, lo hizo sin considerar si era moralmente correcto o incorrecto.

Manifestó un egoísmo sin límites.

Podemos admirar algunos de sus rasgos, como la audacia y el empuje, pero no sus motivos. Cuando al éxito lo impulsa el egoísmo, debemos cambiar nuestro rumbo.

La audacia impulsada por el amor a Cristo se desarrolla de forma muy diferente a la motivada por el amor a uno mismo.

Cuando actuamos con valentía, debemos asegurarnos de que nuestros actos estén impulsados por el amor de Cristo, y podemos saber que el amor de Cristo nos infundirá ese valor. «Así que, como tenemos tal esperanza, actuamos con plena confianza» (2 Corintios 3.12 NVI).

¿QUÉ SIGNIFICA EL NOMBRE DE ESA MUJER?

Al igual que hoy, algunos nombres bíblicos tenían su significado. Aquí tienes algunos de esos significados, incluidos los nombres de algunas mujeres de este libro.

AZUBA: Deserción

BAARA: Brutal

BASEMAT: Fragancia

BATSÚA: Hija de la riqueza

BERENICE: Victoriosa

BETSABÉ: Hija de un juramento

VIUDAS GRIEGAS:
Cuidar de todos

Al multiplicarse los creyentes rápidamente, hubo muestras
de descontento. Los creyentes que hablaban griego se quejaban
de los que hablaban hebreo diciendo que sus viudas eran
discriminadas en la distribución diaria de los alimentos.

HECHOS 6.1 NTV

La iglesia primitiva tenía la política de cuidar de las viudas. Se prestaba una especial atención a quienes carecían de medios económicos, posición legal y protección en esa sociedad. Los que poseían más bienes ayudaban a las viudas, especialmente con lo básico de la alimentación y un techo.

Sin embargo, parece ser que descuidaron a una parte de este grupo. Las viudas griegas procedían de una cultura y un entorno diferentes. Probablemente hablaban otro idioma y puede que incluso tuvieran un aspecto diferente. Se pasó por alto y se olvidó el cuidado de ellas.

Quizá esa falta de atención a las viudas griegas se debió al rápido aumento del número de los creyentes. Cuando las cosas se expanden rápidamente, se pueden cometer errores. No sabemos con certeza si el trato a las viudas griegas fue accidental o una discriminación intencionada. Pero los creyentes empezaron a notar que se producía una distinción entre los grupos, y que uno era tratado mejor que otro.

La generosidad de Dios no prejuzga. Él no nos ve como clases etiquetadas ni tiene en cuenta si somos aceptadas o no. El color de la piel o el origen de las raíces familiares de un creyente no suponen ninguna diferencia para él. Él cuida de cada individuo tal y como es, y nosotras debemos seguir su modelo también en esta actitud.

El amor de Dios es omnipresente y su cuidado abarca a todos. Él ama y cuida de todos.

LA MUJER QUE SALVÓ UNA CIUDAD:
¡Habla!

Cuando los soldados comenzaban a derribar la
murallla, una astuta mujer de la ciudad les gritó:
—¡Escúchenme! ¡Escúchenme! Dígale a Joab
que venga acá para que yo pueda hablar con él.
2 Samuel 20.15–16 nvi

Joab y sus hombres perseguían a Sabá, un hombre que se
había rebelado contra David. Sabá se escondió en la ciudad,
y Joab planeaba derribar las murallas, literalmente, para
atraparlo.

Cuando el ataque comenzó a golpear las murallas de la
ciudad, una mujer de la ciudad pidió hablar con Joab. Ella le
habló de la gente de dentro y de su fe. Joab dijo que su único
interés era Sabá. Cuando lo atrapara, Joab los dejaría en paz.
La mujer dijo que se ocuparía de Sabá, y el pueblo se salvó.

¿Qué necesitó esta mujer para hablar? ¿Valentía? Sí, pero
¿qué más? ¿Tuvo que dejar a un lado a los detractores que
decían que perdía el tiempo, porque Joab no la escucharía?
¿Cuánto temor tuvo que vencer para dar un paso al frente?
¿La preocupó convencer a los habitantes de la ciudad de su
plan?

Hablar puede dar miedo. Con demasiada frecuencia,
caemos en la mentalidad de creer que nuestra voz, sola, no
marcará la diferencia. Sin embargo, en la Biblia encontramos
un relato tras otro de cómo la fe de una persona, expresada en
voz alta, cambió vidas. Dios puede hacer cosas increíbles con
tus palabras llenas de fe.

Así que ¡habla!

NOEMÍ:
La extraordinaria casamentera

*¡Qué profundas son las riquezas
de la sabiduría y del conocimiento de Dios!
¡Qué indescifrables sus juicios e impenetrables sus caminos!*
ROMANOS 11.33 NVI

Gracias a los cuidados amorosos de su nuera Rut, la depresión de Noemí al perder a su familia desapareció. La cebada que Rut espigó de los campos de Belén alivió el temor de Noemí a morir de hambre. Un día, Rut llevó a casa el alimento que el dueño de los campos le había pedido que llevara.

Cuando Noemí supo que Rut había espigado en los campos de Booz, sus ojos se iluminaron. «Ese hombre es nuestro pariente cercano; es uno de los parientes que nos pueden redimir» (Rut 2.20 NVI). Sus engranajes mentales empezaron a girar cuando Booz mostró un creciente interés por Rut. Él podría asegurar el futuro de Rut y el suyo. Noemí instruyó a su nuera para que tomara la iniciativa. Pero ella sabía que no debía tratar la situación como una negociación comercial.

«Ponte tu mejor vestido —instó Noemí a Rut—. Y tu mejor perfume cuando vayas a la era a ver a Booz».

Cuando el hombre, cautivado, arregló su matrimonio con Rut, Noemí sin duda se felicitó por sus excelentes habilidades como casamentera. La estabilidad que tanto ella como Rut ansiaban se selló con la boda de la pareja. El nacimiento de un hijo llenó de alegría a Noemí: ¡un nieto, por fin! Sus amigas alababan a Dios mientras ella cuidaba del pequeño Obed.

Al abrazarlo, Noemí no tenía ni idea de que Dios había utilizado su labor casamentera para un propósito mayor. Obed tuvo más tarde un hijo llamado Jesé, el padre del rey David, el antepasado del Hijo de Dios, Jesucristo.

¿Qué está haciendo Dios en nuestras vidas mientras lo seguimos fielmente?

RAQUEL:
Transformación

No obstante, ella se estaba muriendo, y en sus últimos
suspiros alcanzó a llamar a su hijo Benoní, pero Jacob,
su padre, le puso por nombre Benjamín. Así murió Raquel,
y la sepultaron en el camino que va hacia Efrata, que es Belén.
GÉNESIS 35.18–19 NVI

Si dices «Belén», la gente de todo el mundo pensará en el lugar
donde nació del rey David, así como en el pueblo donde María
dio a luz a nuestro Salvador. Belén atrae a más de dos millones
de visitantes cada año.

A Raquel no le esperaba tal felicidad en Belén. El nacimiento de José le había quitado el estigma de «estéril». Años
después, pasó su segundo embarazo en el camino de Jarán a
Canaán. Cuando llegaron a Belén empezaron los dolores. Tras
un parto largo y difícil, Raquel sabía que su final estaba cerca.
Llamó a su hijo «el hijo de mi dolor». Pero su afligido padre se
lo cambió por «el hijo de mi mano derecha», Benjamín.

Siglos más tarde, el rey Herodes masacró a los niños de
Belén. Mateo señaló el dolor de Raquel, citando a Jeremías:
«Se oye un grito en Ramá, llanto y gran lamentación; es
Raquel, que llora por sus hijos y no quiere ser consolada; ¡sus
hijos ya no existen!» (Mateo 2.18 NVI). Los gritos de las madres
de Belén ensordecieron los del nacimiento del Mesías.

A menudo Dios obra así. La muerte y la vida caminan juntas. Él transforma nuestro lugar de sufrimiento en un lugar de
nueva vida, esperanza y alegría. Ofrezcamos nuestro dolor a
Dios para que lo transforme.

LA CRIADA DE LA ESPOSA DE NAAMÁN:
Actuar con fe

*Esta dijo a su señora: Si rogase mi señor al profeta
que está en Samaria, él lo sanaría de su lepra.*
2 Reyes 5.3 rvr1960

La criada que servía a la mujer de Naamán era una joven israelita que había sido capturada, llevada a un país extranjero y obligada a servir en la casa de Naamán.

Entenderíamos que esta joven, superviviente de un trauma, estuviera desesperada. Entenderíamos que sintiera amargura hacia a Dios y hacia Naamán, el poderoso general que había contribuido a la victoria militar sobre el país de la joven.

Sin embargo, cuando supo que Naamán había contraído la lepra, actuó con fe y amor. Le habló a su ama del profeta de Samaria, y este le indicó a Naamán cómo curarse.

Dios permita que podamos seguir su ejemplo y expresar la fe y el amor en las circunstancias difíciles. La fe es la clave para superar tantos problemas. Como dijo Jesús: «Por la poca fe que tienen —les respondió—. Les aseguro que, si tuvieran fe tan pequeña como un grano de mostaza, podrían decirle a esta montaña: "Trasládate de aquí para allá", y se trasladaría. Para ustedes nada sería imposible» (Mateo 17.20–21 nvi).

La fe de la joven, expresada en amor, es digna de mención e imitación. Su vida fue un ejemplo como el descrito en 2 Corintios 2.14 (nvi): «Sin embargo, gracias a Dios que en Cristo siempre nos lleva triunfantes y, por medio de nosotros, esparce por todas partes la fragancia de su conocimiento».

ANA:
Un mensaje compartido

*Estaba también allí Ana, profetisa, hija de Fanuel [...]
y no se apartaba del templo, sirviendo de noche y de
día con ayunos y oraciones. Esta, presentándose en la
misma hora, daba gracias a Dios, y hablaba del niño a
todos los que esperaban la redención en Jerusalén.*

Lucas 2.36–38 rvr1960

Cuando los padres de Jesús lo llevaron por primera vez
al templo, Simeón reconoció enseguida al bebé Mesías.
Entonces no dudó en compartir esa buena noticia con alguien
que sabía que la apreciaría: Ana, una profetisa que pasaba
todo su tiempo en el templo, poniendo a Dios en el centro de
su existencia. ¿Nunca has oído hablar de personas que parecen vivir en la iglesia? Pues bien, Ana vivía literalmente en el
templo, ayunando y orando noche y día.

Feliz con el mensaje de que la salvación de Dios había
llegado, Ana creyó, sabía que la noticia no era solo para ella
y comenzó a compartirla con otros judíos que conocían las
Escrituras y también habían estado buscando al prometido
Salvador de Dios.

Al igual que la alegría de Ana brotó de las noticias que
compartió Simeón, algo brota también de nuestras vidas.
¿Nuestros labios bullen de buenas noticias o con deseos de
contar chismes? ¿Rebosan de ánimo o de amargura? Vamos
a compartir algo con nuestro mundo, algo basado en lo más
importante de nuestras vidas. ¿Será la alegría del Señor o será
otra cosa? ¿Cuál es el centro de ese mensaje que, incluso sin
querer, compartimos?

LA MUJER INDISCRETA:
Malas elecciones

Como argolla de oro en hocico de cerdo
es la mujer bella pero indiscreta.
PROVERBIOS 11.22 NVI

La Biblia pinta un cuadro muy inquietante de una mujer que no sabe actuar con buen juicio. Que te comparen con un cerdo, aunque esté adornado con un anillo de oro en el hocico, no es algo que busquen las mujeres. Sin embargo, esta imagen presenta un cuadro perfecto de la indiscreción.

¿Por qué es tan difícil ser discreta? ¿Será porque la discreción requiere disciplina? Decidir ser sensible con los demás, no participar en chismes, refrenarnos de buscar lo que nos agrada y mostrar modestia requiere compromiso. Cuando no hacemos un esfuerzo consciente por obrar con discernimiento, nos encontramos en una dirección que no honra a Dios.

Ser discreta tiene algunas bendiciones maravillosas. Según Proverbios, «La discreción te cuidará, la inteligencia te protegerá» (Proverbios 2.11 NVI). Piensa en de cuántas cosas nos libramos si practicamos la discreción. No tendremos que disculparnos por las palabras poco amables ni enfrentarnos a las consecuencias de nuestra falta de moderación. La gente puede confiar en nuestra palabra y contar con que guardaremos sus secretos sin cotillear.

Todos los días tenemos delante elecciones. La comida, los lugares a los que vamos, la forma en que gastamos nuestro tiempo y dinero, las palabras que decimos, la forma en que servimos… nuestras respuestas a Dios son todas elecciones.

Por lo tanto, practiquemos la discreción. Que se diga de nosotras, como de la mujer de Proverbios 31, que hablamos con sabiduría y que en nuestra lengua hay instrucción fiel.

AGAR:
El Dios que me ve

A partir de entonces, Agar utilizó otro nombre
para referirse al Señor, quien le había hablado.
Ella dijo: «Tú eres el Dios que me ve».

Génesis 16.13 NTV

Invisible para los importantes, Agar fue utilizada, maltratada y considerada una mera propiedad. Al fin y al cabo, solo era una esclava, una don nadie, y no se le atribuía apenas valor. ¿Quién iba a notar su ausencia? ¿Quién la echaría de menos cuando se fuera?

Pero Dios veló por Agar. Sabía lo que ocurría en su vida y conocía bien los detalles de sus circunstancias. Vino a ayudarla, guiarla y proveerla y le mostró a esta mujer luchadora que ella también era una hija de Dios, valorada, aceptada y amada.

A veces, en nuestra propia vida, podemos sentir que no importamos. No vemos que nuestras vidas marquen ninguna diferencia. Tal vez nuestras acciones pasen desapercibidas, y nadie vea nuestros esfuerzos. Nos sentimos solas y con poco valor.

Así como cuidó a Agar, Dios también nos cuida a nosotras. Puesto que nos llama sus hijas, sabemos que somos sus personas amadas a las que valoró lo suficiente como para redimirnos con el alto precio de la vida de su Hijo. No solo nos ha salvado, nos ignore quien nos ignore, sino que nos ha rescatado de la invisibilidad.

Comencemos hoy nuestra oración con las palabras «Tú eres el Dios que me ve» y abracemos a Aquel que crea nuestro valor, defiende nuestras almas y nos ama sin fin.

LA ESPOSA DE NOÉ:
Su casa era un zoológico

El Señor le dijo a Noé: «Entra en el arca con toda tu familia, porque tú eres el único hombre justo que he encontrado en esta generación».

GÉNESIS 7.1 NVI

«¿Que Dios te dijo qué?». La esposa de Noé sabía que la revelación de su marido sobre llenar un enorme barco con animales solo confirmaría la convicción de sus vecinos de que Noé había perdido la cabeza.

Su esposa sabía la verdad. Noé amaba a Dios, y ese amor se mostró en su relación con ella, con sus hijos y nueras, e incluso con sus vecinos. Si alguien escuchaba a Dios en estos días perversos, ese era Noé.

Mientras construía el arca, a veces le costaba creer en el plan de Dios, sobre todo cuando la burla de sus amigos se convertía en hostilidad. Pero ella lo apoyó. Cuando, milagrosamente, los animales llegaron de dos en dos, compartió la alegría de Noé porque Dios había confirmado su palabra.

La euforia probablemente disminuyó cuando la esposa de Noé se convirtió en cuidadora de un zoo. Repartir alimentos y palear toneladas de estiércol no parecía muy espiritual. Cómo debió de extrañar su hogar y cuánto lloraría por la familia y los amigos que se habían rebelado contra Dios. ¿Qué les depararía el futuro? ¿Volverían a pisar tierra firme?

Al vivir tormentas y circunstancias poco glamurosas, podemos compartir las dudas y el cansancio que sentía la esposa de Noé. Pero, como ella, hemos sido testigos de la fidelidad de Dios. Él preparó a la esposa de Noé para una nueva vida que no podía imaginar, y lo mismo hará con nosotras.

RUT:
Una extranjera entre nosotros

Entonces Rut cayó a sus pies muy agradecida.
—¿Qué he hecho para merecer tanta bondad? —le
preguntó—. No soy más que una extranjera [...]. Que el
Señor, Dios de Israel, bajo cuyas alas viniste a refugiarte,
te recompense abundantemente por lo que hiciste.

Rut 2.10, 12 ntv

A la gente de Belén le gustaba encasillar a las personas: Noemí, la amargada; Rut, la extranjera; Rajab, la prostituta, que llegó a ser suegra de Rut.

Los padres de Booz no se mencionan en la genealogía que conecta a Booz y Rut con el rey David al final del libro. En algún momento, Rut tuvo que conocer la milagrosa historia de cómo Dios salvó a Rajab cuando Jericó fue destruida. La familia que en su día había acogido a una antigua prostituta no dudaría de una mujer que había afirmado que su fe sería la de su suegra.

No debe de haber sido fácil. Más que la mayoría, Booz conocía tanto los desafíos como las bendiciones de casarse con alguien de fuera de las doce tribus. Aun así, eligió a Rut, sin miedo a las dificultades que pudieran surgir. Su fe y su belleza hablaron en favor de ella. Aun así, Rut apenas podía creer que hubiera encontrado su favor. A través de ellos, Dios traería al Mesías al mundo.

Tan seguro como que Dios puso a Rut en contacto con el hombre que podía aceptar mejor su pasado, así también él dirigirá nuestros caminos hacia personas que nos entiendan. Juntos, nos hacemos más fuertes y a su vez llegamos a los demás. Solo Dios sabe hasta dónde llegarán nuestras vidas.

¿QUÉ SIGNIFICA EL
NOMBRE DE ESA MUJER?

Al igual que hoy, algunos nombres bíblicos tenían su significado. Estos son algunos de esos significados, incluidos los nombres de algunas mujeres de este libro.

BITIA: Hija de Dios

CESIA: Casia

CETURA: Perfumada

CLOÉ: Verde

COZBÍ: Falsa

DALILA: Languideciente

DÁMARIS: Suave

DÉBORA: Abeja

MARTA:
Elegir la fe

*Jesús le dijo: —Yo soy la resurrección y
la vida [...]. ¿Lo crees, Marta?».*
JUAN 11.25–26 NTV

El hermano de Marta, Lázaro, yacía moribundo, y ella mandó
llamar a Jesús. Marta contaba con que Jesús sanaría a Lázaro.
Pero, al parecer, Jesús llegó demasiado tarde para ayudar.
Para cuando llegó a Betania, Lázaro llevaba cuatro días
enterrado.

Cuando Marta se enteró de que Jesús estaba cerca, dejó
a los invitados —que, como era costumbre, habían acudido
a su casa para consolarla— y salió al encuentro de Jesús. La
Biblia no lo dice, pero tal vez este acto indicaba que Marta,
que tiempo atrás le había pedido a Jesús que reprendiera a
María por no esforzarse como ella en atender a sus invitados,
había aprendido a mirar más allá del cuidado de las necesidades físicas de los invitados para centrarse en la fe. O tal vez la
muerte de Lázaro hizo que Marta diera prioridad a la fe y las
cosas eternas.

Cuando llegó a Jesús, Él le ofreció la oportunidad de
hablar de su fe. A pesar de su dolor y posible decepción porque Jesús había llegado demasiado tarde, Marta declaró su
fe. «Sí, Señor —le dijo ella—. Siempre he creído que tú eres el
Mesías, el Hijo de Dios, el que ha venido de Dios al mundo»
(Juan 11.27 NTV). Unas horas más tarde, Jesús concedió una
nueva vida al difunto Lázaro. ¡Lázaro salió de la tumba!

La vida ofrece muchas oportunidades en las que podemos
elegir entre la duda y la fe. Cuando nos enfrentamos a esa
elección, a pesar del sufrimiento, a pesar de sentirnos defrau-
dadas por Dios, podemos elegir la fe. Dios entrará en acción.

LA VIUDA INDIGENTE:
Aceite en abundancia

—¿Y qué puedo hacer por ti? —le preguntó
Eliseo—. Dime, ¿qué tienes en casa?
—Su servidora no tiene nada en casa —le
respondió—, excepto un poco de aceite.
2 REYES 4.2 NVI

Una viuda tenía un problema. Había acumulado una deuda. Con su marido muerto y sin poder pagar, se iban a llevar a sus hijos como pago. Ella acudió a Eliseo para que lo impidiera. Su solución fue que recogiera todas las vasijas que pudiera, tomara el aceite que tuviera y lo vertiera en las vasijas.

La viuda hizo lo que le mandó y se asombró al ver cómo se llenaba una jarra tras otra. Cuando ya no quedaron jarras, Eliseo le indicó que vendiera el aceite y pagara su deuda. Lo que sobrara sería suficiente para mantenerse ella y sus hijos.

La forma en que la viuda manejó su problema dice mucho de ella. Fue valiente al buscar a Eliseo. Al mismo tiempo fue humilde. Admitió que tenía un problema para el que necesitaba ayuda y estaba dispuesta a trabajar para resolverlo. Habría sido una tarea difícil recoger las vasijas, llenarlas y luego ir a venderlas.

Audacia, humildad y disposición de trabajar deben ser actitudes que le pedimos a Dios cuando nos enfrentamos a un problema. A la viuda le funcionó, y también nos funcionará a nosotras.

ANA:
Orar y alabar con alegría

¡Mi corazón se alegra en el Señor! El Señor me ha fortalecido.
Ahora tengo una respuesta para mis enemigos; me alegro
porque tú me rescataste. ¡Nadie es santo como el Señor! Aparte
de ti, no hay nadie; no hay Roca como nuestro Dios.

1 Samuel 2.1–2 ntv

La angustia de Ana por no tener hijos se transformó en alabanza y regocijo. Y, en su oración de agradecimiento al Señor por haberle dado un hijo, ni una sola vez se atribuyó mérito alguno, ni presumió de su fe y sus sacrificios, ni intentó negociar más bendiciones. Le dio a Dios todo el crédito.

Ana podría haberse limitado a dar las gracias a Dios por haber respondido a su súplica. Pero después de expresar su gratitud, volvió a centrarse en Dios tal y como es, reconociéndolo como la fuente de su fuerza. Afirmó que Dios es el Rey soberano y se aferró a él, aferrándose a su promesa. Sus palabras muestran una gran fe.

Podríamos esperar que el cántico de Ana se dedicara por completo a agradecer a Dios por haberle dado un hijo. Pero la mayor parte de su himno alaba a Dios por su fidelidad y bondad.

Como Ana, también podemos hacer que nuestras oraciones se centren en Dios. Las oraciones respondidas nos llenan de asombro y gratitud. El agradecimiento enciende nuestras alabanzas y dirigimos nuestra atención al Dios del universo, cuya fuerza y fidelidad nos rodean constantemente.

Nuestras oraciones también pueden rebosar de proclamaciones de sus atributos y alabanzas a su nombre. Entonces, como Ana, recordaremos que no se trata de nosotros, sino de Dios.

ASENAT:
La generosidad de Dios

Antes de comenzar el primer año de hambre, José tuvo dos hijos con su esposa Asenat, la hija de Potifera, sacerdote de On. Al primero lo llamó Manasés, porque dijo: «Dios ha hecho que me olvide de todos mis problemas, y de mi casa paterna».

GÉNESIS 41.50–51 NVI

Después de que José le explicara el sueño del faraón y de que el encantado gobernante lo nombrara segundo al mando de su territorio, el faraón le dio otra bendición: una esposa de una familia sacerdotal. No sabemos qué tipo de problemas teológicos crearía esto en su matrimonio, pero parece que Asenat hizo feliz a José, si tenemos en cuenta esta descripción del nombre de su primer hijo.

En una época en la que la mayoría de las familias tenían muchos hijos, sorprende un poco que José y Asenat solo tuvieran dos. Pero dos fueron suficientes para el propósito de Dios; en una época en la que la mortalidad infantil era alta, los dos niños crecieron sanos y fuertes y se convirtieron en una alegría para su padre (Génesis 41.51–52; 50.23).

¿Por qué no tuvieron más hijos? Tal vez Asenat quedó estéril después, o tal vez murió; la Biblia no nos lo dice. Pero sea cual sea la historia que hay detrás de esta esposa del hombre que prácticamente gobernaba Egipto, sabemos que Dios proveyó, quizás no con tanta abundancia como hubiéramos esperado, pero sí plenamente. Dos hijos satisfacían la necesidad de José e Israel, como Dios había planeado.

Cuando nosotras tampoco recibimos una abundancia desbordante, ¿podemos confiar en que Dios ha dado lo suficiente? ¿O exigiremos más de algo que no necesitamos del todo?

MARÍA, MADRE DE JESÚS:
¿Lo estropeaste?

*Pues mi hermano, mi hermana y mi madre son los que
hacen la voluntad de mi Padre que está en el cielo.*

MATEO 12.50 NVI

María y los hermanos de Jesús viajaron desde Nazaret hasta las orillas del mar de Galilea —un trayecto largo y agotador— para verlo. Sin embargo, a su llegada, Jesús dijo: «¿Quién es mi madre, y quiénes son mis hermanos?» (Mateo 12.48 NVI).

¡Un recibimiento sorprendente! Pero el Evangelio de Marcos (3.21) nos dice que la familia de Jesús no lo visitó simplemente porque lo extrañaba. Sus escandalosas afirmaciones de que podía perdonar los pecados y de que era el Señor del sábado habían traído problemas con los fariseos. Sus hermanos y su madre temían que Jesús estuviera «fuera de sí» y habían decidido ocuparse de él.

Las Escrituras no nos dicen exactamente lo que pasó por la mente de María durante este difícil momento, pero sus recuerdos de la visita de Gabriel, el nacimiento milagroso de Jesús, el mensaje de Dios a José y la adoración de los pastores y los magos parecían haberse desvanecido.

Con esta pregunta, Jesús confrontaba los problemas de fe de María. Extendió sus manos hacia sus seguidores y los reconoció como su familia espiritual, que hacía la voluntad de Dios al creer en su Hijo.

La Biblia no describe la reacción inmediata de María. Pero una cosa es clara: ella y los hermanos de Jesús no lo llevaron de vuelta a Nazaret ni pusieron límites a su ministerio.

¿Seguiremos nosotras también la voluntad de Dios, en lugar de seguir solo nuestra propia lógica?

LA MUJER DE SAMARIA:
Duro en el exterior

*Muchos de los samaritanos que vivían en aquel
pueblo creyeron en él por el testimonio que daba
la mujer: «Me dijo todo lo que he hecho».*

JUAN 4.39 NVI

Ella había perfeccionado su dura coraza. Cada dolor, cada mala decisión, sumaba una capa tras otra hasta que ya nadie prestaba atención.

Cada nuevo marido había durado menos que el anterior. Su actual amante ni siquiera se había molestado en casarse. ¿Por qué fingir? Ella se lo guardaba para sí.

Ir al pozo a mediodía le permitía evitar a las mujeres que la señalaban con el dedo. La presencia de un hombre la sorprendió: un *judío*. Decidió ignorarlo.

Pero él la interpeló. «¿Me das de beber?».

Quizá quería lo mismo que la mayoría de los hombres. Ella se abrió a hablar con él. «Tú eres judío... ¿Cómo puedes pedirme agua?».

Su respuesta despertó su interés, cuando dijo de sí mismo: «Yo te daré agua viva». Luego él señaló su fea historia y hablaron de cuestiones religiosas.

Lo más sorprendente de todo es que él le reveló su identidad. Ella regresó a la ciudad y corrió por las calles, gritando la noticia. «¡El Mesías está aquí!».

Jesús rompió su caparazón con algunas preguntas y respuestas compasivas y honestas.

A la mayoría, la vida nos ha herido y endurecido de una u otra forma. Pero Jesús quiere que nos sumerjamos en el agua viva, para quitar nuestra capa espesa y dura y nuestros corazones se vuelvan suaves y renovados.

ZEBUDA:
Tener un impacto

De veinticinco años era Joacim cuando comenzó a
reinar, y once años reinó en Jerusalén. El nombre de
su madre fue Zebuda hija de Pedaías, de Ruma.

2 Reyes 23.36 rvr1960

Zebuda tenía algunas conexiones familiares interesantes. Su padre, Pedaías, formó parte del grupo que ayudó a reparar las murallas de la ciudad de Jerusalén, un acto que requería valor, teniendo en cuenta toda la oposición a la que se enfrentaban. Probablemente Zebuda se enteró de primera mano del trabajo de reparación que hacía su padre. Tal vez incluso oró para que se completara la obra y su padre estuviera a salvo.

Siendo una mujer de tanta fe, ¿no es curioso que más tarde, cuando se referían al hijo de Zebuda, Joacim, dijeran: «También este rey hizo lo que ofende al Señor, tal como lo hicieron sus antepasados» (2 Reyes 23.37 nvi)?

¿Qué impacto tuvo Zebuda en la vida de su hijo? ¿Compartió con él la fe que había visto en su padre? ¿O se quedó de brazos cruzados y no le enseñó sobre Dios? Tal vez se desanimó ante las acciones de Joacim y dejó de intentar enseñarle. Después de todo, es difícil no desanimarse cuando vemos que alguien elige continuamente acciones que deshonran a Dios.

No podemos obligar a nuestros amigos, parientes, compañeros de trabajo, hijos, o incluso extraños, a elegir a Dios, pero eso no nos deja sin opciones. Podemos ser modelos de conducta, influyendo en los demás con el ejemplo que damos.

Siempre, en cualquier lugar, cada una de nosotras puede ser una luz para Dios.

ATALÍA:
Un límite a la maldad

*Cuando Atalía, la madre del rey Ocozías de
Judá, supo que su hijo había muerto, comenzó
a aniquilar al resto de la familia real.*
2 REYES 11.1 NTV

La malvada reina Atalía, la única mujer que reinó en Judá,
llegó al trono aniquilando a toda la familia real, incluidos sus
propios nietos; solo su nieto Joás, que fue rescatado por su tía
Josaba, evitó la destrucción. Por seis años permaneció escondido en el templo, con su nodriza, hasta que el sumo sacerdote
Joiada reunió suficiente apoyo militar para coronar a Joás.

Atalía, al descubrir la coronación, acudió al templo y gritó:
«¡Traición! ¡Traición!». Pero antes de que pudiera hacer nada,
Joiada llamó a los capitanes de la guardia del templo para que
la mataran fuera del templo. La sacaron violentamente y obedecieron la orden.

Atalía puso en peligro algo más que la vida de unos niños.
También estaba en peligro la línea de sucesión entre el rey
David y el Mesías, pues no habría dejado ningún heredero
varón del linaje de David. Pero, por medio de una mujer fiel y
del sumo sacerdote, Dios le devolvió el trono a Joás. La fe de
este rey, al que Dios protegió, lo llevó a restaurar el templo.

Puede haber gobernantes perversos que se cruzan en
nuestro camino y afectan nuestras vidas. ¿Podemos confiar
en que, al igual que con Atalía, Dios tiene un plan que limitará
su poder y autoridad? ¿Podemos confiar en que el corazón del
dirigente está en la mano de Dios (Proverbios 21.1) y que él
tiene la última palabra?

SALOMÉ:
Cuidado con lo que deseas

*Entonces la madre de Jacobo y de Juan, junto con ellos,
se acercó a Jesús y, arrodillándose, le pidió un favor
[...]. —Ordena que en tu reino uno de estos dos hijos
míos se siente a tu derecha y el otro a tu izquierda.*

MATEO 20.20–21 NVI

Salomé (identificada por su nombre en Marcos 16.1 y por
su relación con sus hijos en Mateo 27.56) se había ganado el
derecho a pedirle un favor a Jesús.

Cuando Jesús llamó a Jacobo y Juan, los hijos de Salomé,
para que dejaran el negocio de pesca de su padre, su madre
se unió a otras mujeres que viajaban con los discípulos, atendiendo sus necesidades (Marcos 15.40–41).

Tres años después, esperaban que Jesús reclamara el
trono de Israel en cualquier momento. Cuando llegara ese día,
Salomé pidió que sus hijos se sentaran cada uno a un lado del
trono. Junto con Pedro, constituían los tres más cercanos, a
los que Jesús llamó aparte. Recientemente se les había apare-
cido en su gloria real.

Jesús le prometió que sus hijos beberían de su copa, pero
no pudo prometerle que se sentaran junto a su trono.

Cuando, años después, Herodes Agripa mandó decapitar a
Jacobo, es probable que Salomé aún estuviera viva. ¿Se arrepintió de la petición que le hizo a Jesús?

Después de su muerte, Juan vivió hasta la vejez. Juan
murió, o como mártir o en el exilio por causa del evangelio.
Jacobo y Juan se sumaron a la lista de los apóstoles martiri-
zados. Bebieron la copa de la sangre del Salvador, ofrecida
para nuestra salvación.

A veces la respuesta de Dios a nuestras oraciones nos
rompe el corazón, pero él siempre es fiel.

JOSABA:
Un acto de valor

Josaba [...] tomó a Joás, el hijo más pequeño de Ocozías
[...]. Puso a Joás y a su nodriza en un dormitorio y lo
escondieron de Atalía; por eso el niño no fue asesinado.

2 Reyes 11.2 ntv

A lo largo de la historia bíblica, los miembros de la realeza
asesinaban a sus parientes reales para asegurarse el poder.
En esta historia, Atalía, al enterarse de que su hijo el rey
había muerto, intentó matar a todos los hijos de él (los nietos
de ella) para asegurarse un reinado sin competencia. Si lo
hubiera logrado, habría aniquilado el linaje real que finalmente condujo a Cristo.

El ruin acto fue frustrado por Josaba (que probablemente
era hermanastra del rey fallecido), que se llevó a un niño y lo
escondió del brutal asesino.

Su valiente acto llevó a Josaba a guardar el secreto por
seis años, muy probablemente en constante alerta máxima.
¿Cómo mantuvo fuera de la vista y le enseñó a ser un rey al
niñito en crecimiento? ¿Le susurraba mientras lo arropaba:
«Eres un príncipe», solo para temer que en algún momento
inoportuno él declarara: «¡Soy el príncipe Joás!»?.

Su acto justo y heroico la llevó a un largo período de estrés,
que posiblemente soportó porque entendía la importancia
de su tarea. Ella lo vio claro. Cuando Joás tenía siete años,
fue coronado rey. Dios recompensó a Josaba con un éxito que
condujo a una línea de bendición para todo el pueblo.

Cuando nos enfrentemos a tareas que requieran una gran
valentía, hagamos como Josaba. «Ustedes necesitan persevere-
rar para que, después de haber cumplido la voluntad de Dios,
reciban lo que él ha prometido» (Hebreos 10.36 nvi).

¿QUÉ SIGNIFICA EL
NOMBRE DE ESA MUJER?

Al igual que los de hoy, algunos nombres bíblicos tenían su significado. Estos son algunos de esos significados, incluidos los nombres de algunas mujeres de este libro.

DORCAS: Gacela

EFRATA: Fructificación

EGLA: Ternera

ELISABET: Dios del juramento

ELISEBA: Dios del juramento

EUNICE: Victorioso

EVA: Dadora de vida

EVODIA: Buen viaje

MICAL:
Matrimonio amargo

---

*Abandonen toda amargura, ira y enojo, gritos
y calumnias, y toda forma de malicia.*
EFESIOS 4.31 NVI

Mical, la hija menor del rey Saúl, se enamoró del valiente y
apuesto David, que había derrotado a Goliat. Su celoso padre
accedió a su matrimonio para que ella pudiera ser como una
trampa para él (1 Samuel 18.21). Pero Mical ideó la huida de
David, y le dijo a su padre que David la había amenazado para
que cooperara (1 Samuel 19.11–17).

Sin embargo, la larga ausencia de David perjudicó su
matrimonio. Quizás Mical se enteró de los otros matrimonios
de David. Con o sin su consentimiento, Saúl entregó a Mical
a Paltiel.

Cuando David regresó, tras la muerte de Saúl, exigió al
hermano de Mical que se la devolviera. Mical había sufrido la
soledad y la presión de Saúl mientras David no estaba. Ahora
que tenía un matrimonio estable ¿le ordenaban cambiar de
marido como de chal?

En lugar de pedir ayuda a Dios, Mical se ensañó con David
cuando danzó en el regreso del arca de Dios a Jerusalén:
«¡Qué distinguido se ha visto hoy el rey de Israel, desnudán-
dose como un cualquiera en presencia de las esclavas de sus
oficiales!» (2 Samuel 6.20 NVI). David replicó que Dios lo había
elegido a él antes que a su padre. La Biblia da a entender una
pérdida permanente de la intimidad entre ellos: «Y Mical hija
de Saúl murió sin haber tenido hijos» (2 Samuel 6.23 NVI).

Como Mical, podemos sentir que nuestra amargura está
justificada, pero esta solo nos hiere más. Si renunciamos
al resentimiento y nos dirigimos a Dios, él nos sanará de su
influencia mortal y restaurará nuestras vidas.

MUJERES QUE ORAN:
Empezar con la oración

Todos, en un mismo espíritu, se dedicaban a la oración, junto
con las mujeres y con los hermanos de Jesús y su madre María.

HECHOS 1.14 NVI

Debió de ser una época muy aterradora para estas mujeres
después de la muerte de Jesús. Lo habían seguido y habían
formado parte de su ministerio. Habían sido testigos de la
horrible forma en que murió y se gozaron en su resurrección.
¿Cómo vivirían ahora sin tener a Jesús físicamente con ellas?
¿Cómo podrían lidiar con la oposición? ¿Cómo vivirían lo que
Jesús les había llamado a hacer? Orando.

Estas mujeres sabían que había mucho por lo que orar.
Protección, sabiduría, fuerza, consuelo, guía, valor, y la lista
continuaba. Comprendieron que la oración nos conecta con
Dios y nos hace entrar en comunión con él. Sin embargo, con
demasiada frecuencia, cuando algo trastorna nuestras vidas,
la oración parece quedar relegada a un segundo plano. La pos-
ponemos, optando en cambio por buscar consejos, leer libros
de instrucciones y esperar que las cosas mejoren por sí solas.

¿Cuántas veces hasescuchado a alguien, incluso a ti
misma, decir: «no queda más que orar»? Tenemos que hacer
de la oración nuestra principal respuesta a las tensiones y
heridas de la vida. Adoptemos la actitud que tuvo el salmista,
que escribió: «Oh SEÑOR, a ti clamo; seguiré rogando día tras
día» (Salmos 88.13 NTV).

Ponte a orar. No te arrepentirás.

LA REINA DE BELSASAR:
Un mensaje importante

La reina misma entró en la sala de banquete y exclamó:
—¡Que viva Su Majestad por siempre! ¡Y no se alarme ni se
ponga pálido! [...]. Ese hombre poseía sabiduría, inteligencia
y gran percepción, semejantes a las de los dioses [...]. Llame
usted a ese hombre, y él le dirá lo que significa ese escrito.
DANIEL 5.10–12 NVI

¿Quién era esta reina que aconsejaba al rey Belsasar? Los
expertos no están seguros. Puede haber sido su madre o su
abuela, ya que la palabra traducida como «reina» puede signi-
ficar «reina madre» Pero cuando apareció esa escritura en la
pared del palacio de Belsasar, la reina le dio esta sabia palabra: «Llame a ese hombre [Daniel]». Ella no era creyente en
el Señor, como deja claro su descripción de Daniel, y no sabía
cuál sería el resultado, pero conocía la sabiduría de Daniel y
que él estaba cerca de Dios. Donde los líderes espirituales del
reino de Belsasar fallaron al rey, Daniel tendría éxito.

Lamentablemente, las noticias que Daniel le dio al rey no
fueron buenas. Por profanar las copas del templo del Señor, se
iba a terminar el reinado de Belsasar sobre Babilonia. El rey
fue asesinado esa noche.

Dios utilizó a una reina incrédula para llevar su verdad
a un rey orgulloso, pero ella no hizo más que transmitir un
mensaje. ¿Somos, como ella, las que pasamos los sobres sin
abrir de Dios a los demás, o, como Daniel, por la fe, entendemos el sagrado mensaje que hay dentro?

LA MUJER BONDADOSA:
Reflejando a Dios

La mujer bondadosa se gana el respeto, pero los
hombres despiadados solo ganan riquezas. Tu bondad
te recompensará, pero tu crueldad te destruirá.
PROVERBIOS 11.16–17 NTV

¿Qué es mejor, la riqueza o el respeto? Desde luego, tener dinero suficiente es un gran activo, pero que los demás te traten con honor no tiene precio.

Proverbios nos dice que ser bondadosa produce respeto. Esta bondad habla de tratar a los demás y a una misma con amabilidad y misericordia. Recordamos que debemos pensar antes de hablar y sabemos que nuestras palabras son herramientas poderosas que pueden herir o sanar. Ser bondadosa significa que estamos dispuestas a hacer un esfuerzo adicional cuando sea necesario.

Una mujer bondadosa cultiva el respeto centrándose en los demás, no solo en sí misma. Los demás recordarán cómo los hizo sentir y cómo estuvo presente en sus momentos de necesidad. Su generosidad ocupará un lugar especial en sus corazones y mentes.

¿La bondad es un arte perdido? Ser bondadosa es un comportamiento que podemos cultivar y practicar. Podemos expresar siempre nuestra gratitud y llevar a cabo pequeños actos de amabilidad, como abrir la puerta a alguien o controlar nuestro tono de voz cuando hablamos con nuestros seres queridos.

La bondad ablanda el corazón y crea un espacio para que crezca la compasión.

Una persona bondadosa refleja a Dios. Su bondad es la fuente de nuestra bondad. Su amor habita en nosotras, por lo que su bondad se irradia a través de nosotras hacia los demás.

LA HIJA DE JEFTÉ:
Celebración interrumpida

Y ella dijo: «Padre, si has hecho un voto al Señor, debes
hacer conmigo lo que has jurado, porque el Señor te
ha dado una gran victoria sobre tus enemigos».

Jueces 11.36 ntv

La hija de Jefté bailó alegremente hacia su padre, que regresaba a casa después de conducir a su ejército a una sonada victoria. Un horrorizado Jefté clamó: «—¡Hija mía! [...]. ¡Me has destruido por completo!» (v. 35 ntv).

Su angustia se debía a un voto precipitado que le había hecho a Dios antes de la batalla. Había prometido que, si le daba la victoria, sacrificaría lo que saliera de su casa para recibirlo a su regreso.

Cuando la hija de Jefté se enteró del insensato voto y de sus consecuencias, no le rogó a su padre que lo rompiera, ni lo culpó por haberlo hecho. Ella lo animó a seguir adelante.

Al parecer, la hija de Jefté veía un panorama más amplio que el de su propia vida. Consideraba que cumplir con el voto era más importante que sus ideas sobre cómo debía desarrollarse su vida.

A menudo, las circunstancias y las acciones de otras personas interfieren en nuestras vidas. Podemos resistirnos y culparlas, o confiar en que Dios resolverá las cosas. Como declaró José a sus hermanos que lo habían vendido como esclavo a los egipcios: «Ustedes se propusieron hacerme mal, pero Dios dispuso todo para bien» (Génesis 50.20 ntv).

No importa cómo nos afecten las acciones de quienes nos rodean, podemos contar con que Dios obrará el bien en nuestras vidas.

NOADÍAS:
Profetisa con intenciones

Y ahora tú, hijo de hombre, enfréntate a esas mujeres de
tu pueblo que profetizan según sus propios delirios.
EZEQUIEL 13.17 NVI

Noadías se menciona una vez en la Biblia, en la oración de
Nehemías cuando él y los exiliados retornados de Babilonia
reconstruían los muros de Jerusalén (Nehemías 6.14).

Por desgracia, no pudo dar gracias a Dios por la ayuda de
Noadías. La profetisa había ayudado a Tobías y Sanbalat, los
enemigos de Nehemías, a desbaratar el proyecto.

¿Por qué una mujer espiritualmente prominente como
ella apoyaría a los enemigos de Dios? Ellos tenían gran autoridad en la cercana Samaria y obviamente querían ampliar su
poder a Jerusalén. Tal vez Noadías se benefició de su relación
con ellos con dinero. O tal vez vio a Nehemías como una amenaza para el poder del que gozaba como profetisa. Sea cual sea
su motivación, Noadías se unió a Tobías, Sanbalat y otros en
sus intentos mentirosos de intimidar a Nehemías, posiblemente participando en complots fallidos para asesinarlo.

Ezequiel, que escribió décadas antes de que los judíos
regresaran a Judá, también se encontró con profetisas como
Noadías y les dio el mensaje de Dios: «Porque ustedes han
descorazonado al justo con sus mentiras, sin que yo lo haya
afligido. Han alentado al malvado para que no se convierta
de su mala conducta y se salve» (Ezequiel 13.22 NVI). Dios no
escatimó palabras contra estas mujeres «espirituales» que no
iban a lograr sus planes: «Yo rescataré a mi pueblo del poder de
ustedes, y así sabrán que yo soy el SEÑOR» (Ezequiel 13.23 NVI).

¿Somos cuidadosas con nuestras afirmaciones de saber
lo que Dios quiere que hagamos nosotras o los demás? ¿O nos
hemos aliado con aquellos que pueden llevarnos por el mal
camino?

LA VIUDA POBRE:
Dos monedas de corazón

Jesús llamó a sus discípulos y les dijo: «Les aseguro que esta viuda pobre ha echado en el tesoro más que todos los demás. Estos dieron de lo que les sobraba; pero ella, de su pobreza, echó todo lo que tenía, todo su sustento».

Marcos 12.43–44 nvi

Es difícil imaginar a Jesús, el Creador del cielo y la tierra, impresionado por la contribución de una viuda al tesoro del templo. Sin embargo, parece que le impresionó, porque quiso llamar a los discípulos y señalarles lo que ella había hecho.

¿Qué pensó la viuda al echar sus dos monedas de cobre? ¿Desearía poder contribuir con más dinero, como veía que hacían otros? ¿Tuvo que luchar contra la «voz» de su cabeza que la llamaba necia por haber dado sus dos últimas monedas? ¿Se sentiría desanimada al pensar que lo que dio, todo lo que tenía, era demasiado poco para marcar la diferencia?

Si esos eran sus pensamientos, no la detuvieron. ¿No estaría bien que fuéramos decididas en lo que damos? ¿Qué pasaría si diéramos con sacrificio nuestro dinero, tiempo, energía y amor? ¿Qué pasaría si no dejáramos que el pensamiento negativo interfiriera en nuestro dar? ¿Y si pusiéramos a Dios en primer lugar en nuestra entrega, y a nosotras mismas en segundo lugar?

A Jesús no le impresionó la cantidad que dio la viuda, sino lo que su ofrenda decía de su corazón. ¿Qué revelaría nuestro dar sobre nuestros corazones?

CANDACE:
Lugares asombrosos

Entonces él [Felipe] se levantó y fue. Y sucedió que un etíope,
eunuco, funcionario de Candace reina de los etíopes, el cual
estaba sobre todos sus tesoros, y había venido a Jerusalén para
adorar, volvía sentado en su carro, y leyendo al profeta Isaías.
HECHOS 8.27–28 RVR1960

Candace (o Kandake, en griego) era el título de la reina madre
etíope. Esta poderosa mujer nubia desempeñaba las fun-
ciones del rey de ese país, que era considerado un dios y, por
tanto, estaba por encima de tales preocupaciones mundanas.
Así que el eunuco de Candace, un funcionario del tesoro,
habría sido uno de los hombres importantes de las finanzas
de su país. Y aunque no se hubiera convertido completamente
al judaísmo, al menos era un gentil que creía en el Señor y
adoraba en Jerusalén.

Mientras viajaba entre Jerusalén y Gaza, el eunuco leyó
Isaías 53.7–8 y no sabía cómo interpretarlo. El apóstol Felipe,
enviado por Dios para encontrarse con él allí mismo, le
explicó rápidamente el pasaje, lo llevó a Jesús y luego lo bautizó como nuevo creyente. Aunque el apóstol no dio testimonio a Candace, su mensaje llegó a ella, llevado por su experto
financiero.

Hoy ¿nos da miedo hablar a los demás de Jesús? Si mante-
nemos la boca cerrada, Dios puede enviar el mensaje de todas
formas, mediante otro siervo más fiel. Pero si hablamos, quién
sabe en qué lugar del mundo puede compartirse el mensaje de
Dios; alguien con quien hablemos podría transmitirlo en cualquier parte del mundo.

¿No hace eso que compartir la fe sea una perspectiva
emocionante?

EVA:
Valor para continuar

A la mujer le dijo: «Multiplicaré tus dolores en el parto, y
darás a luz a tus hijos con dolor. Desearás a tu marido,
y él te dominará [...]. *El hombre llamó Eva a su mujer,*
porque ella sería la madre de todo ser viviente.
GÉNESIS 3.16, 20 NVI

El mundo de Eva se desmoronó. Después de tomar del árbol del conocimiento del bien y del mal y de mentir sobre ello al Señor, se enfrentó a las consecuencias de su desobediencia. Dios le dijo que sufriría dolores del parto.

Adán y Eva formaron una familia, y ella se convirtió en la «madre de todo ser viviente». Pero hasta un hijo suyo desobedeció y cometió el mal, cuando Caín asesinó a su hermano Abel. Pero Eva tuvo otro hijo, y más. Continuó con su vida.

En nuestras vidas ocurren cosas malas: perdemos a seres queridos, nos enfrentamos a desastres financieros y soportamos relaciones rotas. A veces, las injusticias de la vida se acumulan y no creemos que podamos afrontar un día más.

No se nos dice el nombre de Eva hasta después de su pecado. Su identidad, su nueva etiqueta, significaba que ahora miraba hacia el futuro. Ahora sería reconocida como un nuevo comienzo con una nueva vida.

Dios nos dará el valor para perseverar. Incluso en medio de la tragedia, Él nos hará avanzar. La vida continúa. Al igual que Adán y Eva, Dios nos ha nombrado hijas suyas, y nos dará fuerza y valor para afrontar el futuro y seguir adelante.

NINFAS:
La anfitriona de Dios

*A los ricos de este mundo, mándales que no sean
arrogantes ni pongan su esperanza en las riquezas,
que son tan inseguras, sino en Dios, que nos provee
de todo en abundancia para que lo disfrutemos.*

1 TIMOTEO 6.17 NVI

Ninfas vivía en Laodicea, una ciudad de la actual Turquía,
en una importante calzada romana entre Éfeso y Siria. En su
carta a la iglesia de la cercana Colosas, Pablo envió saludos a
Ninfa y a la iglesia que albergaba en su casa (Colosenses 4.15).

Sabemos poco de su vida, pero sin duda era un reflejo de
su ciudad: rica, independiente y en sintonía con los tiempos.
Laodicea era famosa por su lana negra, su industria bancaria
y su escuela de medicina vinculada al templo de Asclepio, el
dios griego de la sanidad.

Ninfas nadó contra fuertes corrientes culturales al convertirse en cristiana, y aún más al ofrecer su casa como lugar
de encuentro para otros creyentes. Durante esta época en la
que los hombres controlaban la mayoría de los derechos de
propiedad, Ninfas tenía una posición privilegiada. Podría
haberse aferrado a lo que debía de ser una casa grande y
preciosa, pero la compartió voluntariamente en nombre de
Cristo. Esto le generó la crítica de amigos, familiares y auto-
ridades opuestas, pero Ninfas persistió en la hospitalidad que
animaba a sus hermanos cristianos.

En nuestro país, disfrutamos de una riqueza comparable a
la de los laodicenses. Dios quiera que, como Ninfas, compar-
tamos nuestra esperanza en Cristo y nuestras posesiones con
corazones generosos y puertas abiertas.

¿QUÉ SIGNIFICA EL NOMBRE DE ESA MUJER?

Al igual que hoy, algunos nombres bíblicos tenían un significado. Esos son algunos de esos significados, incluidos los nombres de algunas mujeres de este libro.

FEBE: Brillante

FUVÁ: Un estallido

GOMER: Finalización

HADASA: Mirto

HAGUIT: Festiva

HAMOLEQUET: Reina

HAMUTAL: Suegro del rocío

HELA: Óxido

JULIA:
Celebrar la libertad

*Saluden [...] a Julia [...] y a todos
los hermanos que están con ellos.*
ROMANOS 16.15 NVI

Julia figura entre las personas que Pablo menciona al cerrar su carta a los Romanos. No se puede identificar con más detalle a ninguna de las personas de la lista, pero los estudiosos creen que eran esclavos o antiguos esclavos que participaban en la iglesia romana.

Podemos suponer que Julia sabía lo que significaba ser propiedad de un amo que tenía el poder de controlar completamente su vida. Así había sido su vida. Las palabras que Pablo utiliza en Romanos para explicar la libertad espiritual que ofrece Jesucristo debieron de calar en su interior: «Y ustedes no recibieron un espíritu que de nuevo los esclavice al miedo, sino el Espíritu que los adopta como hijos y les permite clamar: «¡Abba! ¡Padre!» (Romanos 8.15 NVI).

Aunque no hayamos experimentado la esclavitud física, podemos imaginar el intenso deseo que tendría un esclavo por la libertad, y la gratitud por conseguirla. Podemos pedirle a Dios que nos recuerde que todas hemos sido esclavas del pecado, pero que ya no tenemos que serlo. Como subraya Pablo en Romanos, el pecado ya no es nuestro señor. Como seguidoras de Cristo, hemos sido liberadas. Debemos buscar la libertad obedeciendo a Dios y expresando la intensa gratitud de una esclava liberada.

CLOÉ:
¿Lado correcto, elección incorrecta?

*Pues algunos de la casa de Cloé me contaron de las peleas
entre ustedes, mis amados hermanos. Algunos de ustedes
dicen: «Yo soy seguidor de Pablo». Otros dicen: «Yo sigo a
Apolos» o «Yo sigo a Pedro», o «Yo sigo únicamente a Cristo».*
1 Corintios 1.11–12 NTV

La pobre Cloé tuvo que lidiar no solo con desavenencias en
la iglesia, sino con una muy cercana a su casa. En esa época
en que todavía no había edificios eclesiásticos, la iglesia de
Corinto se reunía en su casa. Hiciera lo que hiciera, Cloé no
habría podido mantenerse al margen de las discusiones, y
qué difícil debió de ser tener a toda la congregación formando
bandos justo donde ella vivía. Sin duda, muchas veces el culto
estuvo rodeado de debates acalorados. Tal vez algunas personas incluso intentaron que ella tomara partido. Si alguien
estaba en medio del problema, era Cloé.

Las desavenencias en la iglesia pueden hacer que todos los
implicados se sientan muy incómodos. Cada creyente tiene
sus opiniones, y si muchos discrepan en voz alta, se crea una
situación de enfrentamiento, ¡y a nadie le gustaría vivir en
medio de una situación así!

Cuando los demás no ven las cosas a nuestra manera, la
forma en que manejamos la situación puede dar testimonio
de nuestra fe tanto como la postura que adoptamos. Tener
razón pero tratar mal a los demás es tan malo como hacer elegir algo contrario a Dios.

Tratemos siempre a los demás con amabilidad, para que al
final Dios pueda mostrarnos la dirección que debemos tomar
juntos.

SARA:
Aprender del error

A menudo se culpa a Sara de falta de fe por ofrecerle a Agar a Abraham. Pero una lectura más detenida revela un hecho sorprendente: Dios no le prometió a Abraham un hijo con Sara hasta después del nacimiento de Ismael. Tal vez sintió que el plan de Dios desde el principio era tener un hijo por medio de su sierva.

Mirando atrás, vemos su error. Pero al parecer era una práctica aceptada en esa época. Después de todo, cuatro de las doce tribus —Gad, Aser, Dan y Neftalí— nacieron de siervas.

Cuando el plan de Dios no coincidió con sus expectativas, Sara hizo su maniobra. ¿Oró por ello? No se nos dice. Si hubiera orado... si hubiera esperado... si Abraham hubiera dicho que no..., sí, sí, sí...

Pero una vez que Dios prometió que el niño nacería de Sara, ella creyó. De hecho, su fe se pone como ejemplo en el Salón de la Fama de la Fe (Hebreos 11.11).

Muchas de nosotras tenemos al menos un «si tan solo» en nuestras vidas. Como Sara, un error nos convierte en eternamente inútiles para Dios. Si tropezamos, reconozcamos nuestro error y avancemos con confianza.

LEA:
Dios percibe nuestra desgracia

---

*Así que Lea quedó embarazada y dio a luz un hijo, a quien
llamó Rubén, porque dijo: «El SEÑOR se ha dado cuenta
de mi sufrimiento, y ahora mi esposo me amará».*

GÉNESIS 29.32 NTV

Lea era una mujer de su casa, y la hermana mayor de la bella
Raquel. Cuando el joven y deseable pretendiente Jacob pidió
casarse con Raquel, nadie mencionó que la costumbre dictaba
que la hermana mayor debía casarse primero. El intrigante
padre de Lea y Raquel, Labán, engañó a Jacob para que se
casara con Lea antes de dejarle tomar a Raquel.

Podemos imaginar lo poca cosa que Lea se habría sentido
toda su vida al compararse con su hermana. Luego quedó
atrapada en un matrimonio que compartía con su bella hermana. Lea no tenía el amor de Jacob, mientras que Raquel era
deseada y apreciada.

Cuando dio a luz a un hijo antes que Raquel, Lea encontró
cierto consuelo en saber que Dios había visto su desgraciada
situación. No importa cuál sea la causa de nuestra tristeza,
podemos encontrar el mismo consuelo que sintió Lea. La
Biblia promete: «El SEÑOR está cerca de los que tienen que-
brantado el corazón; él rescata a los de espíritu destrozado»
(Salmos 34.18 NTV).

Dios le dio a Lea un hijo, y ella vio ese regalo como una
confirmación de que Dios se había fijado en su situación.
Si miramos bien en nuestra vida nos daremos cuenta de
los regalos que Dios da porque se preocupa por nosotras.
Como declara la Escritura, «¡El fiel amor del SEÑOR nunca se
acaba! Sus misericordias jamás terminan» (Lamentaciones
3.22 NTV). Cuando buscamos sus misericordias, podemos
verlas.

LA NUERA DE ELÍ:
Esperanza en la nueva vida

La nuera de Elí, esposa de Finees, estaba embarazada y
próxima a dar a luz. Cuando se enteró de que habían capturado
el arca de Dios y que su suegro y su esposo habían muerto,
entró en trabajo de parto y dio a luz. Ella murió después
del parto, pero antes de que muriera las parteras trataron
de animarla. «No tengas miedo—le dijeron—. ¡Tienes un
varón!». Pero ella no contestó ni les prestó atención.

1 Samuel 4.19–20 NTV

La nuera de Elí lo perdió todo: su marido, su suegro e incluso
el símbolo principal de la fe de Israel, el arca de Dios. Todos
sus medios de sustento desaparecieron; todo lo que ella apreciaba dejó de existir.

En su agonía, tras el parto, las comadronas trataron de
animarla con la promesa de una nueva vida en su hijo. La
nuera de Elí prefirió no prestar atención a eso.

A veces nuestro mundo también se oscurece. Perdemos
la esperanza: ya no podemos tocar lo que amamos, tal
vez un familiar, un hogar, un trabajo o incluso nuestra fe.
Empezamos a perder el fundamento mismo de todas nuestras
creencias. En nuestra desesperación, nos sentimos impoten-
tes y la vida parece no tener sentido.

Pero si nos fijamos bien, Dios siempre enviará nueva
vida. Percibimos un destello de luz divina que guía nuestro
camino. Aunque la respuesta no sea la que imaginamos ni
nos devuelva las cosas al estado anterior, la esperanza acaba
surgiendo, a menudo disfrazada de un potencial aún por desarrollarse, como un bebé recién nacido.

La fe significa aferrarse a las posibilidades prometidas
cuando todo lo demás parece carente de esperanza. El Dios
de la esperanza no nos defraudará, sino que nos hará pasar a
través de la oscuridad y nos traerá una nueva vida.

SERA:
Importante para Dios

*Y los hijos de Aser: Imna, Isúa, Isúi, Bería, y Sera
hermana de ellos. Los hijos de Bería: Heber y Malquiel.*
GÉNESIS 46.17 RVR1960

Cada vez que Sera aparece en la Biblia, todo lo que se nos
dice es que era la hija de Aser, uno de los doce hijos de Jacob.
Tenía cuatro hermanos. Ella y Dina son las únicas hijas mencionadas por su nombre en la familia que se unió a José en
Egipto. Solo eso ya nos dice que Sera debió de ser una mujer
extraordinaria.

Sera aparece de nuevo en el censo realizado antes de
que los israelitas entrasen en la tierra prometida (Números
26.46). La tradición judía dice que «Serah bat Asher» (Sera
hija de Aser) aún vivía en la época del Éxodo. Si es válida esa
suposición, ella vivió el crecimiento de Israel de setenta a
seiscientas mil personas. ¡Imagina las historias que podría
contar!

Ya sea que viviera setenta o cuatrocientos años, Sera
llama nuestra atención. ¿Por qué se la menciona en la lista?
Tal vez señale al carácter de su padre. La lista también incluye
a sus nietos, cuando no se menciona a ningún otro. Su nombre
significa «feliz», y parece que tuvo una buena muerte, rodeada
de su familia.

Como Sera, tanto si somos solo una nota a pie de página,
olvidada cuando nuestra generación haya pasado, como si
nuestra influencia permanece a lo largo de los años, somos
importantes para nuestras familias, para nuestras comunidades, para Dios.

LAS MUJERES QUE LLORARON A JESÚS:
¿Adoración genuina?

Lo seguía mucha gente del pueblo, incluso mujeres
que se golpeaban el pecho, lamentándose por
él. Jesús se volvió hacia ellas y les dijo:
—Hijas de Jerusalén, no lloren por mí; lloren
más bien por ustedes y por sus hijos.
LUCAS 23.27–28 NVI

Jesús se dirigía hacia su muerte. La multitud que lo rodeaba era ruidosa, y una apenas puede imaginar las palabras que gritaban a su paso. En medio de este grupo había mujeres que lloraban y se lamentaban por él. Jesús les dijo que no debían llorar por él, sino por ellas mismas y por sus hijos.

¿Qué fue lo que hizo que Jesús respondiera de forma tan contundente? ¿Acaso vio falsedad en sus lamentos? Quizás estas mujeres estaban recibiendo la acusación que leemos en Salmos: «Más que el bien, amas la maldad; más que la verdad, amas la mentira» (Salmos 52.3 NVI). ¿Acaso las habían contratado como plañideras profesionales, de las que se presentan en estos eventos para montar una escena? ¿Acaso estaban allí por curiosidad y no por compasión? Después de la muerte de Jesús, ¿siguieron llorando, o se les acabaron las lágrimas y volvieron a la vida de siempre?

Jesús no se deja engañar por nuestras apariencias. El Señor conoce las motivaciones de nuestro corazón. Él ve si en nuestro corazón hay autenticidad o falsedad.

Así que pídele hoy a Dios que escudriñe tu corazón y te muestre dónde puede estar acechando el engaño. Pídele que te ayude a hacer los cambios necesarios para que tu adoración sea auténtica.

PENINA:
Problema espinoso

Honroso es al hombre evitar la contienda,
pero no hay necio que no inicie un pleito.
PROVERBIOS 20.3 NVI

Penina se casó con Elcaná. Tenían hijos e hijas, que en su época era una señal de la bendición de Dios y un símbolo de buena posición.

Desgraciadamente, su cultura fomentaba la poligamia, lo que daba lugar a la competencia entre las esposas. Elcaná también estaba casado con Ana, y la tensión reinaba en su hogar (1 Samuel 1).

Ana no tenía hijos, pero Elcaná la amaba. Penina se habrá preguntado si la habría tratado con la misma deferencia de haber tenido problemas de fertilidad. Los celos eliminaron toda compasión del corazón de Penina. Por años, no dejó que Ana olvidara que era estéril, incluso la provocaba cuando la familia hacía sacrificios e iba junta a adorar. Es posible que Penina se sintiera espiritualmente superior, jactándose de los dones que Dios le había prodigado.

Cómo debió de tambalearse el complejo de superioridad de Penina cuando supo que Ana estaba embarazada para tener a Samuel. Cuando Ana dio a luz tres hijos más y dos hijas (1 Samuel 2.21), Penina sufrió una humillación que empeoró la relación entre ellas, afectándolos no solo a ellas y a Elcaná, sino también a las relaciones entre sus hijos y las generaciones futuras.

Al igual que Penina, podemos vivir situaciones dolorosas. Pero provocar peleas no resuelve nada y causa daños innecesarios en la familia. Podemos elegir llevar nuestras heridas a Dios y pedirle que nos ayude a reflejar su amor… o podemos instigar peleas y actuar como necias.

LA MADRE DE LEMUEL:
Instrucción imperecedera

Los dichos del rey Lemuel contienen el siguiente
mensaje, que le enseñó su madre.
PROVERBIOS 31.1 NTV

La madre de Lemuel utilizó su poderosa posición como reina madre para aconsejar a su hijo, el rey, sobre cómo actuar como gobernante. El último capítulo de Proverbios contiene sus consejos a Lemuel sobre cómo lidiar con dos tentaciones que los poderosos suelen tener, y le recordó una obligación de un rey. Sus consejos siguen siendo relevantes hoy en día.

Las tentaciones contra las que le advirtió son la promiscuidad y la embriaguez. «Evita ese comportamiento; no es propio de reyes», le aconsejó. Y animó a Lemuel a usar su voz para defender a los pobres y necesitados.

Cuando ocupamos posiciones de poder o posiciones en las que podamos hablar a aquellos que tienen influencia, tratemos de hablar con la humildad y sabiduría que mostró la madre de Lemuel. Sus sabias palabras permanecen grabadas para que las generaciones las lean y se beneficien de ellas.

Cuando pensemos en utilizar nuestras palabras para influir, digamos esta oración: «Sean, pues, aceptables ante ti mis palabras y mis pensamientos, oh Señor, roca mía y redentor mío» (Salmos 19.14 NVI).

Y no olvidemos la necesidad y el poder de las palabras pronunciadas para animar a las personas a ser íntegras: «Antes exhortaos los unos a los otros cada día, entre tanto que se dice: Hoy; para que ninguno de vosotros se endurezca por el engaño del pecado» (Hebreos 3.13 RVR1960).

DORCAS:
¡Levántate y en marcha!

Había en Jope una discípula llamada Tabita (que traducido es Dorcas). Esta se esmeraba en hacer buenas obras y en ayudar a los pobres [...]. Pedro hizo que todos salieran del cuarto; luego se puso de rodillas y oró. Volviéndose hacia la muerta, dijo: «Tabita, levántate». Ella abrió los ojos y, al ver a Pedro, se incorporó. Él, tomándola de la mano, la levantó.

HECHOS 9.36, 40–41 NVI

En cuanto escuchó la noticia de la muerte de Dorcas, Pedro se dirigió inmediatamente a Jope. Llenas de dolor, las viudas lloraban, le hablaban de su bondad y de cómo ayudaba a los demás.

Después de orar, Pedro le dijo a Dorcas: «Levántate».

Tomando la mano de la mujer, viva, Pedro la presentó a todos los creyentes. ¿Te has preguntado alguna vez qué hizo Dorcas después? Tal vez volvió al sus faenas, para asegurarse de que toda aquella multitud se sintiera bienvenida en su casa. Tal vez se levantó al día siguiente con normalidad, para tejer, ser amable y ayudar los demás.

Dorcas puede servir de modelo para aquellas viudas y para todas nosotras, ya que se levantó y se puso manos a la obra.

Podemos ofrecer una sonrisa a otro, acordarnos de hacer esa llamada telefónica que hace tiempo que no hacemos o aceptar una interrupción como una bendición.

A veces necesitamos ese envite extra para escuchar en lugar de hablar, para recorrer esa milla extra por alguien necesitado, para ser como Dorcas, sabiendo que no se trata de nosotros sino de adorar a Dios a través de nuestro servicio a los demás.

Sigamos a Dorcas y levantémonos y pongámonos en marcha hoy ayudando a algún otro hijo de Dios.

¿QUÉ SIGNIFICA EL
NOMBRE DE ESA MUJER?

Al igual que hoy, algunos nombres bíblicos tenían su significado. Estos son algunos de esos significados, incluidos los nombres de algunas mujeres de este libro.

HEPZIBA: Mi deleite está en ella

HERODÍAS: Heroica

HODES: Un mes

HODÍAS: Celebrada

HOGLA: Perdiz

HULDÁ: Comadreja

HUSIM: Se apresura

ISCA: Observadora

CLAUDIA:
¿Fiel?

Haz todo lo posible por venir antes del invierno.
Te mandan saludos Eubulo, Pudente, Lino,
Claudia y todos los hermanos.

2 TIMOTEO 4.21 NVI

Cuando Pablo, preso en Roma, firmó su segunda carta a Timoteo, envió saludos de los miembros de la iglesia romana, incluida Claudia. Probablemente era una mujer influyente allí.

En los últimos años del reinado de Nerón, cuando Pablo escribió esta epístola, el conflicto amenazaba a la iglesia romana. Nerón había culpado a los cristianos del incendio que había quemado Roma en el año 64 d. C., y los persiguió. Pero no solo se atacaba a la iglesia desde fuera; también persistían las desavenencias dentro de ella. Preocupado por las divisiones en la iglesia, Pablo, que sabía que su tiempo en la tierra estaba a punto de terminar, advirtió a Timoteo que se mantuviera fiel a su doctrina y enseñanza, en lugar de decirles a los cristianos inestables lo que querían oír (2 Timoteo 4.1–5).

El poeta romano pagano Marcial mencionó un matrimonio entre un hombre llamado Pudente y una mujer británica, Claudia; algunos suponen que se refería a las personas mencionadas en este versículo. Sea o no así, Pudente y Claudia eran miembros, quizás de cierta categoría, de una iglesia conflictiva.

Hoy en día, podemos suponer que en la iglesia primitiva la obra de la fe prosperaba con facilidad, pero lo cierto es que los antiguos cristianos se enfrentaban al menos a tantas pruebas como nosotros. En todas las épocas, Dios no deja la fe de su pueblo sin ponerla a prueba. No importa en qué tiempo vivimos; como Claudia, debemos responder a la pregunta: «¿Seré fiel?».

LA MUJER ASTUTA DE TECOA:
La importancia de la reputación

Por eso mandó traer a una mujer muy
astuta, la cual vivía en Tecoa.

2 SAMUEL 14.2 NVI

Joab quería hacer algo para ayudar a aliviar lo que el rey
David estaba sufriendo por estar separado de su hijo Absalón.
Así que este general ideó un plan para que una mujer de Tecoa
acudiera al rey y le pidiera ayuda en un asunto familiar.

Imagínate que eres esta mujer. No solo tenía que recordar
las palabras que le dijo Joab, sino que tenía que decírselas al
rey David. ¿Estaba nerviosa o tenía miedo? ¿Le preocupaba
poder decir algo incorrecto y meterse en problemas o empeo-
rar aún más una situación ya inestable? ¿Le preocupaba que
si el rey David se enteraba de quién la incitaba a aquello, la
metiera en problemas?

Tal vez no se le pasara por la cabeza ninguno de estos pensamientos. Quizás más bien se sintió honrada de ser elegida
para esta tarea y creyó que Dios le daría la fuerza para llevarla
a cabo.

No sabemos mucho sobre esta mujer, pero podemos decir
algunas cosas sobre ella. Tenía que ser digna de confianza,
fiable, alguien que sabía escuchar y estaba dispuesta a seguir
instrucciones. Tenía que estar en sintonía con la misión
de Joab y no preocuparse por sus propios planes de futuro.
Además, debía tener una buena reputación, porque en eso se
basó el criado de Joab cuando la eligió.

¿Nuestra reputación nos hará destacar entre la multitud?

SARA:
Un tiempo para reír

Sara dijo entonces: «Dios me ha hecho reír, y todos los que se enteren de que he tenido un hijo se reirán conmigo».
GÉNESIS 21.6 NVI

«Un tiempo para llorar y un tiempo para reír» (Eclesiastés 3.4 NVI), Sara conoció su parte de ambos.

Cuando Abraham respondió al llamado de Dios para seguirle a la tierra prometida, Sara dejó su país, sus amigos y su familia. Es posible que no volviera a saber de ellos. Más tarde, perdió el contacto con Lot, el sobrino que había sido como un hijo para ella y Abraham. Por encima todo, conocía el dolor de la esterilidad.

Años —décadas— después de que Sara perdiera la capacidad de desarrollar un embarazo, ella y su marido agasajaron a un desconocido que le prometió que en un año habría dado a luz un hijo. Ella se rio ante la imposibilidad de su promesa. ¿Un hijo? ¿Una mujer estéril?

Algo sucedió después de esa risa de incredulidad. Ella «consideró fiel al que le había hecho la promesa» (Hebreos 11.11 NVI). Su risa se convirtió en confianza.

¿Cuánto tiempo pasó antes de que se diera cuenta de que estaba embarazada? ¿Se reiría con las náuseas matutinas? Quizá la primera risa llegó cuando el bebé dio una patada dentro de su vientre. Cuando sostuvo al bebé Isaac en sus brazos, se rio, con una risa que sonaba a fe cumplida. ¿Qué otro nombre podría ponerle a su hijo sino Isaac: risa?

Al igual que Sara, puede que muchas veces tengamos que llorar, pero llegará nuestro momento de reír.

LO-RUHAMA:
No amada

*Entonces el Señor le dijo a Oseas: «Ponle por nombre
a tu hija Lo-ruhama —"no amada"— porque ya no le
demostraré amor al pueblo de Israel ni lo perdonaré.*

Oseas 1.6 ntv

Lo-ruhama es hija de la prostituta Gomer y del profeta Oseas.
Es una persona de una historia del Antiguo Testamento que
se escribió para demostrar que la compasión y el amor de
pacto de Dios por Israel no titubean ni tienen fin, a pesar de la
deslealtad de Israel hacia Dios.

Crecer en el hogar de una prostituta y un profeta seguramente suponía vivir en una dinámica familiar nada ideal y
entre tensiones. Sin embargo, cuando Lo-ruhama vio el amor
de su padre por su madre, tuvo la oportunidad de contemplar un ejemplo vivo del amor de Dios: un amor que se da sin
reservas, aunque no sea recíproco.

A veces tenemos la oportunidad de recibir ese amor; a
menudo tenemos la oportunidad de ofrecer amor incondicional. De hecho, este es uno de los principales llamados de la
vida cristiana. Como Jesús instruyó a sus seguidores: «Como
el Padre me ha amado, así también yo os he amado; perma-
neced en mi amor [...]. Un mandamiento nuevo os doy: Que
os améis unos a otros; como yo os he amado, que también os
améis unos a otros» (Juan 15.9, 13.34 rvr1960).

Amar sin reservas y sin condiciones es una tarea que solo
puede completarse cuando conocemos y nos deleitamos en el
amor que Dios nos tiene.

LA VIUDA PERSISTENTE:
Oída por Dios

Jesús les contó a sus discípulos una parábola para
mostrarles que debían orar siempre, sin desanimarse.
Lucas 18.1 NVI

En los tiempos de Jesús, pocas mujeres heredaban propiedades al quedarse viudas. La ley mosaica suponía que las familias —sobre todo los hijos mayores, que recibían la mayor herencia— mantendrían a las madres viudas. Los diezmos entregados para los necesitados, los derechos a espigar y las fiestas religiosas en comunidad también les proporcionaban alimento. Pero cuando los profetas del Antiguo Testamento predicaron los derechos de las viudas dieron en gran medida con oídos sordos. Es posible que los maestros religiosos del Nuevo Testamento se hayan sentido fatal cuando Jesús contó esta parábola, ya que conocía su hipocresía: «Se apoderan de los bienes de las viudas y a la vez hacen largas plegarias para impresionar a los demás. Estos recibirán peor castigo» (Marcos 12.40 NVI).

Pero esta viuda ficticia exigía justicia. Día tras día, le suplicó a un juez impío que defendiera su causa. El juez no temía a Dios ni a los hombres, pero sí temía que la viuda lo sacara de quicio. Así que la ayudó.

El único poder que poseía la mujer era el de la perseverancia. Y la perseverancia se impuso.

Jesús contrastó al juez indiferente con su Padre: «¿Acaso Dios no hará justicia a sus escogidos, que claman a él día y noche? [...]. Les digo que sí les hará justicia, y sin demora» (Lucas 18.7–8 NVI).

No siempre comprendemos la justicia de Dios. A menudo nuestros tiempos no coinciden con los suyos. Pero si la perseverancia convenció al juez impío, ¿cuánto más moverán las oraciones persistentes el corazón de nuestro amoroso Salvador?

HAGUIT:
Ya es de la realeza

Por ese tiempo, Adonías, hijo de David, cuya madre era
Haguit, comenzó a jactarse diciendo: «Voy a proclamarme
rey». Así que consiguió carros de guerra con sus conductores
y reclutó cincuenta hombres para que corrieran delante de él.

1 REYES 1.5 NTV

Haguit, que vivió alrededor del año 1000 a. C., se casó con
el rey David. Fue una de sus muchas esposas y, como su hijo
Adonías tenía muchos hermanos mayores, sabía que nunca
sucedería en el reino a su padre. Sin embargo, él se jactaba de
que iba a ser coronado.

No sabemos cómo reaccionó Haguit. ¿Alentó y promovió
este comportamiento? ¿Intentó detener los esfuerzos vanos
de su hijo?

Sabemos que tanto Haguit como Adonías eran ya miembros de la realeza. Su madre tenía una relación muy estrecha
con el rey, y su padre era el rey. Ambos ya ocupaban cargos
reconocidos. El deseo de más —más poder, más influencia,
más autoridad— les impedía ver su verdadero rol.

Nosotras también somos de la realeza. En nuestras oraciones, adoración y música, entramos en una íntima conexión
con el Rey de reyes. La sangre de Jesús nos sacó de la muerte
y del camino del diablo y nos trajo de nuevo a Dios, nuestro
verdadero Padre. Somos hijas de Dios.

No tenemos por qué jactarnos para aumentar nuestro
estatus. No tenemos que tratar de engrandecernos en nuestra
posición en el mundo. Nuestro valor reside en Aquel que ya
es Rey, y él nos llama suyas. Ya somos parte de la realeza en la
corte de Dios.

SÉFORA:
Un cambio de vida

*Moisés convino en quedarse a vivir en casa de aquel
hombre, quien le dio por esposa a su hija Séfora.*
ÉXODO 2.21 NVI

Séfora tenía la importante tarea de sacar agua del pozo para
abrevar el rebaño de su padre. Eso estaban haciendo ella y sus
hermanas cuando unos pastores se presentaron en el pozo y
echaron a las mujeres. Moisés intervino y salió en su defensa.
Hizo que los pastores se fueran y ayudó a las hermanas a
terminar su tarea.

Mientras sacaba el agua aquel día, Séfora no tenía ni idea
de cómo iba a cambiar su vida. Ahora ella formaba parte del
plan de Dios para Moisés, que incluía casarse con él, darle
hijos e ir a una tierra que no conocía. Fuera de su zona de con-
fort, Séfora se enfrentaría a muchas incógnitas.

Al igual que ella, nosotras nos dedicamos a nuestras tareas
cotidianas cuando, de repente, ocurre algo que cambia la
dirección de nuestras vidas. ¿Cuál es nuestra respuesta a ese
cambio? ¿Reaccionamos con miedo, con ira o con irritación?
¿O respondemos con confianza convencidas de que Dios controla la situación? Lo más probable es que experimentemos
un poco de cada una de estas emociones.

Cuando nuestras vidas o las vidas de los que nos importan
cambian inesperadamente, ayuda recordar que Dios tiene
un plan y la capacidad de llevarlo a cabo: «Yo soy el SEÑOR,
Dios de toda la humanidad. ¿Hay algo imposible para mí?»
(Jeremías 32.27 NVI).

Estás en manos de Dios, siguiendo sus planes. ¿Qué podría
ser más seguro?

SIFRÁ Y FUVÁ:
Desobediencia civil

*Había dos parteras de las hebreas, llamadas Sifrá y Fuvá
[...], temían a Dios, así que no siguieron las órdenes del
rey de Egipto, sino que dejaron con vida a los varones.*
Éxodo 1.15–17 NVI

En cuatrocientos años, los israelitas pasaron de ser setenta a
seiscientos mil (Éxodo 1.5; 12.37). ¡Eso es un crecimiento de
más del 8.000 %! En la época en que Jocabed tuvo a Moisés,
los nacimientos podrían haber llegado hasta catorce mil
al día. Lo más probable es que Sifrá y Fuvá representen un
pequeño ejército de comadronas que atendían los partos.

Las comadronas deben alegrarse del nacimiento de
un niño. Aunque Sifrá y Fuvá eran probablemente egip-
cias, habían llegado a venerar al Dios de los hebreos.
Desobedecieron al rey y, al hacerlo. se ganaron el favor de
Dios. Él las bendijo dándoles sus propias familias.

A lo largo de los años, otros han respondido al llamado
para luchar contra leyes inmorales. Piensa en el Ferrocarril
Subterráneo y el movimiento por los derechos civiles en la
historia de Estados Unidos. La desobediencia civil no garan-
tiza un final feliz. Algunos, como los que se opusieron al régi-
men nazi, pagaron el precio más alto.

¿Cómo sabemos que debemos desobedecer a los que están
en autoridad, al gobierno? ¿A los jefes? ¿A la familia? ¿Cómo
discernimos la diferencia entre las leyes de Dios y nuestras
tradiciones? ¿Qué acciones nos pide Dios que emprendamos?

Oremos por verlo con total claridad. Si Dios nos llama a la
acción, demos un paso adelante con la misma convicción que
las dos parteras.

DÁMARIS:
La elección

Algunas personas se unieron a Pablo y creyeron.
Entre ellos estaba Dionisio, miembro del Areópago,
también una mujer llamada Dámaris, y otros más.
HECHOS 17.34 NVI

Pablo predicó el evangelio en el Areópago, el más alto tribunal de Atenas, y los curiosos griegos salieron a escucharle. Algunos se burlaron de él, otros querían escuchar más, y algunos, como Dámaris, abrazaron inmediatamente la fe.

Hechos 17.16 nos dice que a Pablo le angustiaba la idolatría de Atenas. A diferencia de los judíos y los cristianos, los paganos de Grecia adoraban a muchos dioses. Cuando algo iba mal, trataban de averiguar a quién tenían que apaciguar. Y si apaciguar a un dios no funcionaba, seguían intentando averiguar a cuál de su multitud de deidades podían haber ofendido. Esa manera de vivir tenía que ser agotadora y estar llena de inseguridad. Y Pablo sabía que todo era una mentira. Así que compartió las verdades de Dios con los atenienses, pero no se produjo un gran despertar espiritual. Solo unas pocas personas, como Dámaris, entendieron su mensaje y lo aceptaron.

Aun así, lo único que Pablo podía hacer era ofrecer a los atenienses la posibilidad de elegir. Él no podía hacerlo por ellos.

Eso es lo que Dios espera de nosotras también. Cuando vemos que otros se dirigen a un callejón sin salida, podemos tratar de indicarles otra dirección. Nuestras herramientas son la oración y un mensaje de amor. Algunos cambiarán, mientras que otros seguirán con determinación en la dirección equivocada. Pero, en última instancia, su elección es suya, y no nuestra. Lo único que Dios pide es que señalemos el camino.

HERODÍAS:
Elegir la muerte o la vida

Cuando Herodes oyó hablar de Jesús, dijo: «Juan, el hombre que
yo decapité, ha regresado de los muertos». Pues Herodes había
enviado soldados para arrestar y encarcelar a Juan para hacerle
un favor a Herodías. Él se casó con ella a pesar de que era esposa de
su hermano, Felipe. Juan le había estado diciendo a Herodes: «Es
contra la ley de Dios que te cases con la esposa de tu hermano».

MARCOS 6.16–18 NTV

Herodías fue confrontada con su pecado, y tomó malas
decisiones. La ira llevó a la venganza, y esa decisión no solo la
afectó a ella, sino a su familia y a la familia de Dios.

Primero, se casó con el hermanastro de su padre, Herodes
Filipo. Más tarde, cuando aún vivía Filipo, se casó con el hermano de este, Herodes Antipas.

Juan el Bautista criticó a Herodes Antipas y Herodías
por su estilo de vida. Le dijo al rey que su matrimonio era ile-
gal. Él lo encarceló para complacer a su esposa. Llena de ira,
Herodías seguía resentida, y el orgullo la llevó a tomar repre-
salias. La hija nacida durante su primer matrimonio bailó
provocativamente para Antipas mientras Herodías tramaba
acabar con la vida de quien la criticó. Juan fue decapitado.

La venganza nunca trae buenos resultados, sino que nos
consume y a menudo destruye a los demás. Herodías eligió el
mal y trajo la oscuridad a su alrededor.

Como Herodías, podemos elegir nuestra reacción cuando
se nos corrige o exhorta por nuestros pecados. Podemos elegir
la oscuridad o la luz. ¿Estaremos a la defensiva e intentaremos justificar nuestras acciones? ¿O dejaremos que Dios
ponga nuestra mala conducta bajo su luz y misericordia?

El Dios de las segundas oportunidades nos tiende la mano
con perdón. Herodías eligió la muerte; Dios ofrece la vida. A
nosotras nos toca elegir.

¿QUÉ SIGNIFICA EL NOMBRE DE ESA MUJER?

Al igual que hoy, algunos nombres bíblicos tenían su significado. Estos son algunos de esos significados, incluidos los nombres de algunas mujeres de este libro.

JAEL: Íbice

JECOLÍAS: Jehová habilitará

JEDIDA: Amada

JEHUDÍAS: Descendiente de Judá

JERIOT: Cortinas

JERUSA: Posesión de (casada)

JEZABEL: Casta

LIDIA:
Corazón abierto, hogar abierto

Una de ellas, que se llamaba Lidia, adoraba a Dios.
Era de la ciudad de Tiatira y vendía telas de púrpura.
Mientras escuchaba, el Señor le abrió el corazón
para que respondiera al mensaje de Pablo.
HECHOS 16.14 NVI

Lidia era una rica y exitosa empresaria. La tela púrpura que vendía se fabricaba con tintes naturales caros y raros. En la antigüedad, debido a su coste, los tejidos de color púrpura solo solían utilizarlos los miembros de la realeza.

Cuando el Señor abrió el corazón de Lidia para que respondiera al mensaje de Pablo, ella ofreció su hospitalidad y convenció a Pablo y a Silas para que se quedaran en su casa. Como era una gentil, esta visita podría haber sido todo un acto de fe por parte de Pablo y Silas.

La hospitalidad como la de Lidia era una faceta importante de la cultura antigua y sobre todo era crucial para los primeros misioneros que viajaban de pueblo en pueblo para compartir las buenas nuevas de Cristo.

Según la práctica común, el anfitrión evaluaba la intención de los viajeros y luego los invitaba a casa y les daba comida, agua y alojamiento a los huéspedes y a sus animales. Según la costumbre, los anfitriones daban de lo mejor que tenían para honrar a sus invitados.

El cristianismo destacó la importancia de la hospitalidad. Cristo enseñó a menudo que ser hospitalario con uno de los suyos era un acto de gran importancia, como serlo con Cristo.

Imitemos la hospitalidad de Lidia. Su invitado, Pablo, entendía los riesgos y los beneficios de la hospitalidad, y dijo: «Estén listos para ayudar a los hijos de Dios cuando pasen necesidad. Estén siempre dispuestos a brindar hospitalidad» (Romanos 12.13 NTV).

LA MUJER SORPRENDIDA EN ADULTERIO:
El juicio de la piedra

Y, como ellos lo acosaban a preguntas,
Jesús se incorporó y les dijo:
—Aquel de ustedes que esté libre de pecado,
que tire la primera piedra.

JUAN 8.7 NVI

La mujer sorprendida en adulterio estaba sirviendo de cebo de los adversarios de Jesús para tenderle una trampa. La llevaron ante una multitud y se quedó sola con numerosos dedos acusadores señalándola. Por suerte para ella, Jesús sabía qué hacer para ayudarla en su situación. Él comenzó tranquilamente a escribir en el suelo con el dedo. Qué extraña debió parecerle su reacción a esta mujer que se enfrentaba a la muerte.

¿Qué le pasó por la cabeza mientras lo veía escribir en la tierra? ¿Qué crees que pensó cuando Jesús, en lugar de decirle a la multitud que la dejara en paz, sugirió que podían lanzar la piedra siempre que quien lo hiciera no fuera pecador?

Al final, la multitud se dispersó. Nadie podía decir que nunca había pecado. Jesús le dijo a la mujer que él no la condenaría y que debía dejar su vida de pecado. Estuvo dispuesto a intervenir y ayudó a esta mujer a ocuparse de algo que no podía atender ella sola, su pecado.

En el relato de esta mujer vemos la maravillosa gracia de Cristo en acción. Cuando hemos pecado, seguimos enfrentándonos a las consecuencias de nuestros actos, pero con Cristo no tenemos que enfrentarnos a la condena.

¡Eso sí que es sublime gracia!

LA ESCLAVA POSEÍDA:
El oráculo

Ella seguía a Pablo y también al resto de nosotros,
gritando: «Estos hombres son siervos del Dios Altísimo
y han venido para decirles cómo ser salvos».

HECHOS 16.17 NTV

De entre todas las personas que desempeñaron un papel en el establecimiento de la iglesia en Filipos, a menudo se pasa por alto a la esclava con poderes adivinatorios. ¿Por qué la forzó Satanás a proclamar la verdad sobre Pablo y Silas? ¿Anuló Dios la posesión con su verdad?

Quizá sus gritos, en su estado de posesión demoníaca, eran una súplica. *Líbrame. Sálvame. Pon mis pies en ese camino de salvación.* Solo Dios conocía su corazón.

Pablo la ignoró por algunos días antes de expulsar al demonio. Eso provocó la ira de sus amos: su máquina de dinero se convirtió en una mujer corriente en un abrir y cerrar de ojos. El enfrentamiento llevó a los misioneros al calabozo.

Una vez recuperado su sano juicio, ¿la esclava pidió para sí lo que solía gritar? Cuando perdió sus capacidades, ¿los amos se quedaron con ella, la echaron o la vendieron?

Algo nos dice que el Mesías que devolvía a los endemoniados la salud emocional, mental y espiritual también se la devolvió a ella. Ya fuera como esclava, como esposa o como miembro de la casa de Lidia, sobrevivió.

Cuando lleguemos al cielo, podremos escuchar la historia completa.

LA HIJA DEL FARAÓN:
El reino de Dios

*Ante él se postrarán todas las familias de las naciones,
porque del Señor es el reino; él gobierna sobre las naciones.*
SALMOS 22.27–28 NVI

Un llanto infantil interrumpió el baño de la hija del faraón
en el río Nilo. Los grititos irritados parecían provenir de una
cesta que flotaba entre los juncos cercanos. El hermoso bebé
que había dentro se ganó el corazón de la princesa. Vio que
estaba circuncidado. como los esclavos hebreos. Según el
edicto de su padre, los soldados deberían haberlo ahogado.

Ella tomó una firme decisión. Miles de bebés habían
muerto por orden del faraón; este no. Su padre podría enfure-
cerse, pero ella impondría su voluntad.

Mientras reflexionaba sobre lo que debía hacer, una joven
esclava se acercó y le preguntó: «¿Quiere usted que vaya y
llame a una nodriza hebrea, para que críe al niño por usted?»
(Éxodo 2.7 NVI).

Qué oportuna, demasiado como para creer que fuera una
coincidencia. Pero los gritos del bebé hambriento se intensifi-
caron. «Sí, ve».

La muchacha trajo enseguida a una mujer que, aunque
impasible ante la propuesta de la princesa de cuidar al bebé,
lo abrazó... como si fuera su madre.

La hija del faraón había planeado bañarse, no encontrar
un hijo. Pero Dios utilizó su rutina para salvar la vida de
Moisés, quien liberaría a Israel de Egipto. Dios reinaba en la
vida de la princesa de Egipto, aunque ella no le conocía.

Aún hoy. él reina en las altas esferas.

HULDÁ:
Mujer de sabiduría

Así que Jilquías el sacerdote, Ajicán, Acbor, Safán y Asaías
fueron a consultar a la profetisa Huldá, que vivía en el barrio
nuevo de Jerusalén. Huldá era la esposa de Salún, el encargado
del vestuario, quien era hijo de Ticvá y nieto de Jarjás.

2 REYES 22.14 NVI

Cuando el rey Josías comenzó a guiar al pueblo de Judá de
vuelta a Dios, uno de sus primeros actos fue reconstruir el
templo. En el proceso, el sacerdote Jilquías encontró las
escrituras de Dios, que habían estado ocultas hasta entonces.

Josías envió a Jilquías a Huldá para que la aconsejara
sobre el significado de este libro. Josías conocía su reputación
de fidelidad y sabiduría. Además de sabiduría, Huldá también
debía de tener valor; las mujeres de aquella cultura no hablaban en público, sobre todo ante un rey.

Huldá fue una de las muchas profetisas del Antiguo
Testamento. Huldá se centró en Dios y, con la guía de él, ayudó
a otros a discernir la dirección de sus vidas. Lo más probable
es que pasara tiempo en oración y estudiara la Torá.

Como profetisa, Huldá escuchaba a Dios y a las personas.
Sin embargo, la mayoría nunca hemos oído hablar de ella. Eso
es porque, en la historia de cómo Josías trajo a su pueblo de
vuelta a Dios, es Dios quien se lleva la gloria, no Huldá.

Como Huldá, podemos estar abiertas a recibir el discernimiento de Dios y estar atentas a las oportunidades de ayudar.
Con su guía, estudiamos la Palabra y encontramos el valor
para hablar.

Una amiga busca desesperadamente a alguien que la escu-
che; quiere consejo y está sedienta de sabiduría. Podemos
escuchar, orar, estudiar y ayudarla a encontrar el camino,
dirigiéndola hacia Dios. Y, como Huldá, le daremos a Dios la
gloria.

LA ESPOSA DE MANOA:
La juiciosa madre de Sansón

Pero el ángel del Señor se le apareció a ella y le dijo:
«Eres estéril y no tienes hijos, pero vas
a concebir y tendrás un hijo».

Jueces 13.3 nvi

La Biblia no nos dice cómo se llamaba la esposa de Manoa. No tenía hijos, y el ángel del Señor se le apareció con la noticia de que quedaría embarazada. Recibió instrucciones especiales sobre la dieta que debía seguir en su embarazo porque su hijo iba a ser apartado como nazareo con un llamado especial de Dios.

Cuando Manoa se dio cuenta de que él y su esposa habían visto al ángel del Señor y se habían comunicado con él, respondió con gran ansiedad: «¡Estamos condenados a morir! [...]. ¡Hemos visto a Dios!», exclamó (Jueces 13.22 nvi). Pero su sensata esposa respondió con calma, razonando que Dios no habría compartido la noticia de la llegada del hijo y las instrucciones sobre cómo cuidarlo si hubiera tenido la intención de matarlos.

A veces, los que nos rodean reaccionan con emociones intensas, como el miedo o la ira, y nuestra labor es aportar algo de calma a la situación.

Podemos estar tranquilas en situaciones intensas porque sabemos que Dios es digno de confianza y tiene el control. Imitemos la actitud de David, que dijo en Salmos 131.1–2 (nvi): «Señor, mi corazón no es orgulloso, ni son altivos mis ojos; no busco grandezas desmedidas, ni proezas que excedan a mis fuerzas. Todo lo contrario: he calmado y aquietado mis ansias. Soy como un niño recién amamantado en el regazo de su madre. ¡Mi alma es como un niño recién amamantado!».

DÉBORA, LA JUEZA:
¿Un mundo de hombres?

Barac le dijo:
—Solo iré si tú me acompañas; de lo contrario, no iré.
—¡Está bien, iré contigo! —dijo Débora— [...].
Así que Débora fue con Barac hasta Cedes.
JUECES 4.8–9 NVI

No parece muy probable que una mujer fuera la encargada de anunciar los planes de batalla de Dios. Pero cuando Israel clamó para que Dios lo aliviara de la opresión de los cananeos que los dominaban políticamente, él envió su mensaje a través de su jueza–profetisa Débora, la única jueza que desempeñó ese doble papel.

Cuando Débora dio el plan de batalla al comandante israelita, Barac, este no la ignoró ni dudó de ella. En realidad, tenía tanta confianza en ella que no daba un paso sin contar con ella. Nadie escuchó ni una queja suya sobre la mensajera.

Pero a menudo, incluso hoy, eso no es lo que sucede cuando las mujeres tienen posiciones de autoridad otorgadas por Dios. Como mujeres, vivimos en lo que nos gusta llamar «un mundo de hombres» Enfatizamos mucho la dificultad de conseguir que los hombres de nuestra vida nos escuchen adecuadamente y nos irritamos cuando no nos escuchan o nos desacreditan.

En realidad, vivimos en el mundo de Dios, y él es el que manda, no las personas que escuchan —o no escuchan—. Cuando él nos llama a la acción, nadie, hombre o mujer, puede interponerse en nuestro camino, siempre que caminemos en su voluntad.

¿En qué mundo vives tú?

LAS HIJAS DE SALÚN:
Soldados de Jerusalén

*Salún hijo de Halojés, que era gobernador de la
otra mitad del distrito de Jerusalén, reconstruyó
el siguiente tramo con la ayuda de sus hijas.*

NEHEMÍAS 3.12 NVI

Los israelitas que regresaron del exilio asumieron la tarea de
reconstruir las murallas de Jerusalén. Entre la lista de trabajadores, la familia de Salún nos sorprende.

Salún era un gobernante local. Incluso en la Jerusalén
destruida, un gobernante seguramente tendría una vida más
privilegiada que la mayoría. Pero Salún predicó con el ejemplo, asumiendo una parte de la muralla. Había que mover las
piedras, medirlas, cortarlas a medida, colocarlas en su sitio,
rellenar los huecos... la gente pasaba largas horas de trabajo
físico pesado. Por buena que fuese su disposición, probablemente les faltaba experiencia.

¿A quién le salieron callos en las manos? ¿A quién se le
fortalecieron los músculos? A las *hijas* de Salún. Como la
jueza Débora y la profetisa Huldá, se salieron de los roles típi-
cos de las mujeres.

Además del duro trabajo, se enfrentaron a las amenazas de
violencia de los gentiles. Nehemías dividió a los trabajadores
en dos equipos. La mitad vigilaba, lanza en mano, mientras la
otra mitad trabajaba. Las hijas de Salún se prepararon para la
batalla con el resto.

Puede que Dios nos llame a quedarnos en casa. Puede
que nos llame a construir. Incluso puede llamarnos a luchar.
Nos llame a lo que nos llame, ocupemos nuestro lugar con los
demás miembros del cuerpo de Cristo.

JEDIDA:
Una influencia positiva

Josías tenía ocho años cuando subió al trono y reinó en Jerusalén treinta y un años. Su madre se llamaba Jedida y era hija de Adaía, de Boscat. Él hizo lo que era agradable a los ojos del Señor.

2 Reyes 22.1—2 NTV

Cuando el rey Manasés y su hijo Amón gobernaron con impiedad por cincuenta y siete años, Judá se apartó del Señor. Pero, de repente, el reino estaba dirigido por Josías, de ocho años de edad. ¿Qué bien podría salir de esa situación?

Para cambiar el entorno de todo un país hace falta valor, orientación y sabiduría. Josías empezó a gobernar a una edad tan temprana que la gente que lo rodeaba tenía que ser una influencia positiva en su vida.

Tal vez su madre, Jedida, marcó esa diferencia. ¿Lo llevaba al templo para escuchar la Palabra de Dios? Quizá le contó historias sobre Dios para que su corazón se abriera al Señor.

Nuestra fe también afecta a los que nos rodean. Estamos llamadas a hacer lo correcto y a ser testigos del amor y la misericordia de Dios. Nuestras palabras y acciones ayudan a preservar la fe y a llevar a otros a Dios.

Tenemos una tremenda oportunidad de crear entornos locales que honren a Dios y lo amen, que puedan llegar a tener un impacto en el mundo entero. Nuestra fe influye en nuestras familias y en nuestros lugares de trabajo más de lo que imaginamos.

Cada una de nosotras puede empezar a marcar la diferencia con una persona o un grupo pequeño, pero con el toque de Dios la influencia podría cambiar el mundo. La obra de Dios avanza cuando ponemos el foco en las personas que él nos pone delante. Al igual que Jedida, nosotras también podemos ser una influencia positiva para nuestros seres queridos.

FEBE:
La mujer al mando

Pero entre ustedes no debe ser así. Al contrario, el que quiera
hacerse grande entre ustedes deberá ser su servidor, y el
que quiera ser el primero deberá ser esclavo de todos.
MARCOS 10.43–44 NVI

El apóstol Pablo describe a Febe como alguien que «ha ayudado a muchas personas», incluido él mismo (Romanos
16.1–2 NVI). La palabra griega femenina que utiliza, *prostatis*,
habla de una mujer con autoridad que protege y provee a los
que están bajo su mando. Posiblemente era rica, con un estatus social considerable en el puerto egeo de Cencreas, cerca
de Corinto. Febe, que visitaba a los romanos, se menciona
por primera vez en este capítulo donde se saluda a muchos
hermanos y hermanas en Cristo de Pablo.

Febe podría haber utilizado sus recursos para reforzar sus
ambiciones y vivir con lujo. Sin embargo, Pablo también llama
a Febe *diakonos* de la iglesia de Cencreas, o sea, «diaconisa»
o «servidora». Pablo anima a la iglesia romana a ayudarla en
cualquier empeño, ya que ha dedicado su vida a bendecir a
otros cristianos.

En el texto que hemos citado de Marcos, Jesús reprende
a sus discípulos por su deseo de ser los más grandes. «Como
ustedes saben, los que se consideran jefes de las naciones
oprimen a los súbditos, y los altos oficiales abusan de su autoridad», dijo. «Pero entre ustedes no debe ser así [...]. Porque
ni aun el Hijo del hombre vino para que le sirvan, sino para
servir y para dar su vida en rescate por muchos» (Marcos
10.42–43, 45 NVI).

Febe, una diaconisa que servía a su Maestro y a su iglesia,
se tomó en serio las exigencias de Jesús en cuanto al servicio.

¿Y nosotras?

¿QUÉ SIGNIFICA EL NOMBRE DE ESA MUJER?

Al igual que hoy, algunos nombres bíblicos tenían su significado. Estos son algunos de esos significados, incluidos los nombres de algunas mujeres de este libro.

JOADÁN: Jehová se complace

JOCABED: Jehová se glorificó

JOSABA: Jehová juró

JUDIT: Judía, descendiente de Judá

KEREN–HAPUC: Cuerno de cosmética

LEA: Fatigada

LO-RUHAMA: No compadecida

MAHALAT:
¿Una forastera solitaria?

*[Esaú] fue a visitar a la familia de su tío Ismael y se casó
con una de las hijas de Ismael, además de las esposas
que ya tenía. Su nueva esposa se llamaba Mahalat.*

GÉNESIS 28.9 NTV

Mahalat era hija de Ismael, el hijo de Abraham. Esaú, uno de
los hijos mellizos de Isaac, se casó con ella después de darse
cuenta de que su padre desaprobaba a sus esposas cananeas.

Solo podemos preguntarnos cómo sería ser una de las
muchas esposas. Aunque la poligamia era común en los tiempos del Antiguo Testamento, parece que ser, como Mahalat,
una esposa de un grupo étnico diferente al de las demás impli-
caría mucha soledad. ¿Las otras esposas acogerían a la recién
llegada o la condenarían al ostracismo?

¿La oración de Mahalat era similar a la que el salmista
escribió en Salmos 102.6–8 (NVI), que dice: «Parezco una
lechuza del desierto; soy como un búho entre las ruinas. No
logro conciliar el sueño; parezco ave solitaria sobre el tejado.
A todas horas me ofenden mis enemigos»?

Cuando nos sentimos solas, aisladas de la gente que nos
rodea, debemos recordar que Jesús sabe exactamente cómo
nos sentimos y nunca nos deja solas. En nuestros momentos
de soledad, podemos estar cerca de Cristo. Él es el amigo del
que Proverbios 18.24 (NVI) dice que son «más fieles que un
hermano». Él nos consolará y proveerá. Cuando nos sintamos
solas, siempre podemos acudir a Cristo.

SARVIA:
Dejar ir

Sus hermanas se llamaban Sarvia y Abigail.
Sarvia tuvo tres hijos: Abisai, Joab y Asael.
1 CRÓNICAS 2.16 NTV

Los tres hijos de Sarvia crecerían hasta convertirse un día en poderosos guerreros del ejército de David. Siendo leales a David, se encontrarían en muchas situaciones peligrosas.

Cuando Sarvia estaba criando a sus hijos, ¿pensaría en su destino o en qué podrían hacer? Cuando se enteró de su ingreso en el ejército, ¿les había rogado que no lo hicieran o veía su incorporación como un motivo de orgullo?

No hace falta ser un madre para experimentar el dolor de dejar ir a alguien. Quizás tienes una buena amiga o vecina que se va a mudar. Tal vez hayas trabajado con alguien por años y ahora se va a otro trabajo. Tal vez seas tú quien se muda o cambia de trabajo.

Sarvia no tenía ni idea de cómo iba a ser la vida de sus tres hijos. Tampoco nosotras sabemos lo que les espera a nuestros seres queridos. Pero podemos ayudarlos en su camino con la oración, el apoyo y el recordatorio de que Dios tiene un propósito para sus vidas: «El Señor llevará a cabo los planes que tiene para mi vida, pues tu fiel amor, oh Señor, permanece para siempre» (Salmos 138.8 NTV). Aunque no sepamos cuál es ese plan, sabemos que Dios no nos guiará por mal camino ni a nosotras ni a las personas que amamos.

Dejarlos ir es difícil, pero aferrarnos a ellos nos atrapa. ¿Qué elegiremos cuando llegue el momento de decir adiós?

LA MADRE DE RUFO:
Amar a un apóstol

Saluden a Rufo, distinguido creyente, y a su madre,
que ha sido también como una madre para mí.
ROMANOS 16.13 NVI

¿Desearía alguna vez el apóstol Pablo poder hacer como Dorothy en *El Mago de Oz*, que solo tenía que taconear tres veces para volver a casa para recibir una dosis de cariño?

El padre fariseo de Pablo (Hechos 23.6) podría haber rechazado a su hijo tras su conversión. Sea cual sea la razón, el apóstol no mencionó a sus padres.

En algún momento, Pablo se cruzó con Rufo y su familia. No está claro cómo se conocieron y llegaron a estar tan unidos. Pero no hay duda de que sus corazones se confortaban mutuamente, y Pablo obtuvo una familia fuera de su hogar.

Cuando la anónima madre de Rufo hizo a Pablo parte de la familia, este disfrutó del vínculo con la mujer que describió «como una madre para mí». En casa de ella, Pablo podía olvidarse de su carácter público. Podría bromear con ella sobre las preguntas que siempre hacen las madres: «¿Te estás cuidando bien?». Y podría recibir ese toque cariñoso: «Déjame que te rellene esos huesos con un poco de carne». Cuánto debe de haber disfrutado de la comunión con esta familia, de una manera que no podía con sus propios padres. Pablo apreciaba mucho sus cuidados maternales.

Dondequiera que nos encontremos en la gama de situaciones que va desde no tener hijos hasta tener el nido vacío, Dios puede poner en nuestras vidas a personas que necesitan —o dan— un toque maternal.

JAEL:
Guerrera de Dios

*La más bendecida entre las mujeres es Jael [...]. Sísara
le pidió agua, y ella le dio leche. En un tazón digno de
nobles, le trajo yogur. Después tomó una estaca con
la mano izquierda, y con la derecha, el martillo del
trabajador. Golpeó a Sísara con el martillo y le aplastó
la cabeza; con un terrible golpe le atravesó las sienes.*
JUECES 5.24–26 NTV

Jael cometió un homicidio. Mató al líder cananeo Sísara, que
había huido de una batalla tras su derrota ante los israelitas.

La astuta Jael le ofreció sus cuidados a Sísara y luego lo
mató mientras dormía. Se arriesgó y salvó a Israel con su
acción firme y decisiva.

Jael tomó una decisión difícil con consecuencias arries-
gadas. Dio este difícil paso y acabó siendo bendecida. Con un
golpe demoledor cumplió la profecía de que una mujer mata-
ría a Sísara.

La guerrera de Dios utilizó un instrumento corriente que
tenía a mano, primero la comida de su casa y luego una estaca
de tienda. Igual que David a Goliat, Jael venció a su enemigo.

Esta historia no defiende el asesinato ni que invites a tu
casa a un malvado fugitivo. En realidad, nos recuerda que
nosotras también tenemos batallas que librar en la vida.
Nuestros enemigos son a menudo más difíciles de reconocer,
pero igual de malvados.

Al igual que Jael, nosotras utilizamos lo que tenemos a
mano para ganar estas batallas. Encontramos fuerza en el
estudio de la Biblia y en el poder de la oración. Cuando sabemos que Dios nos guía, podemos tomar decisiones difíciles y
asumir riesgos.

Nosotras también podemos ser guerreras de Dios.

LA MUJER LISIADA:
¡Reconoce lo bueno!

*Cierto día de descanso, mientras Jesús enseñaba en la
sinagoga, vio a una mujer que estaba lisiada a causa de
un espíritu maligno. Había estado encorvada durante
dieciocho años y no podía ponerse derecha. Cuando
Jesús la vio, la llamó y le dijo: «Apreciada mujer, ¡estás
sanada de tu enfermedad!». Luego la tocó y, al instante,
ella pudo enderezarse. ¡Cómo alabó ella a Dios!*

Lucas 13.10–13 NTV

En un instante, esta mujer pasó de estar lisiada física y espiritualmente por culpa de un espíritu maligno a experimentar
una salud plena. Pudo enderezarse por primera vez en dieciocho años y quedó libre del espíritu. Con su alma llena de
alegría, brotaban alabanzas de sus labios.

Pero, mientras ella alababa a Dios, otros criticaban. El
líder de la sinagoga, atrapado en el legalismo que perjudicaba
a muchos judíos, reprendió a Jesús por sanar en sábado.
Después de todo, ¿no dice la Palabra de Dios que no hay que
trabajar en el día de reposo?

Hay gente que no sabe lo que es bueno. Prefieren seguir las
reglas de la ley de Dios, y no su espíritu; y esta mujer, a diferencia del líder de la sinagoga, ciertamente tenía el espíritu
correcto.

No todos los creyentes harán las cosas como nosotras.
¿Significa eso que tenemos que aguarles la fiesta a los demás?
¿O podemos alegrarnos cuando Dios trae cosas buenas a sus
vidas y dejar que él resuelva los pequeños desacuerdos? Si
no, al igual que aquel líder de la sinagoga, podemos ganarnos
una sólida reputación de críticas quisquillosas, y quizá nos la
merezcamos.

LA MUJER DE POTIFAR:
Buscando problemas

Revístanse ustedes del Señor Jesucristo, y no se preocupen
por satisfacer los deseos de la naturaleza pecaminosa.
ROMANOS 13.14 NVI

Es posible que su matrimonio con Potifar, uno de los funcionarios del faraón, no satisficiera sus expectativas. Si él viajaba, ella seguramente se sentía sola. O quizás simplemente se aburría.

En repetidas ocasiones trató de cruzarse en el camino del atractivo nuevo esclavo hebreo de Potifar. Pero José la evitaba, y ella se disgustó.

Le exigió: «Ven a dormir conmigo».

José se negó. «Mi patrón ya no tiene que preocuparse de nada en la casa, porque todo me lo ha confiado a mí [...]. Mi patrón no me ha negado nada, excepto meterme con usted, que es su esposa. ¿Cómo podría yo cometer tal maldad y pecar así contra Dios?» (Génesis 39.8–9 NVI).

Enfurecida por los continuos rechazos de José, calculó cuándo saldrían los sirvientes; entonces lo agarró. «¡Ven a la cama conmigo!».

José salió corriendo y dejó allí su capa.

Ella se puso a gritar y los sirvientes vinieron corriendo. Acusó a José de intentar violarla, y le contó la misma historia a su marido, esperando que matara a José.

Pero Potifar solo lo encarceló, un castigo relativamente leve que le haría preguntarse si su esposo la creía.

Cuando José subió al poder, ¿la llevó ante la justicia? La Biblia no lo dice.

Pero la Palabra de Dios nos instruye para que nos centremos en Cristo y para que nunca, jamás, busquemos meternos en problemas.

LA VIUDA DE SAREPTA:
Valor y fe

Ve ahora a Sarepta de Sidón, y permanece allí. A una
viuda de ese lugar le he ordenado darte de comer.
1 REYES 17.9 NVI

Cuando una hambruna devastó el país, Dios ordenó al profeta
Elías que fuera a Sarepta. Dios iba a utilizar a una viuda de esa
región para que le diera de comer. Imagínate la conmoción de
aquella viuda cuando llegó Elías y le pidió comida y agua.

Ella le dijo que solo tenía comida para ella y su hijo. De
hecho, la leña que estaba recogiendo cuando ella y el profeta
se encontraron era para preparar su última comida. Elías
insistió en que, si le permitía comer primero, Dios proveería
alimentos a su familia hasta que regresara la lluvia.

La viuda necesitó mucho valor y fe para hacer lo que Elías
le pedía. No solo estaba en juego su vida, sino también la de su
hijo. Ella tenía que elegir: o ignorar la petición de Elías o creer
que Dios cumpliría su palabra y alimentaría a su familia.

¿Cuál es nuestra reacción cuando llegan tiempos deses-
perados? ¿Nos encerramos en nosotras mismas, con miedo
a salir? ¿Salimos a «recoger leña» porque no vemos más que
días malos por delante? ¿O creemos que Dios va a proveer?

Cuando la viuda pensaba que la vida había llegado a su fin,
Dios le trajo esperanza. Él hará lo mismo por ti.

LA MUJER PECADORA:
Amar generosamente

*Por esto te digo: si ella ha amado mucho, es que
sus muchos pecados le han sido perdonados.
Pero a quien poco se le perdona, poco ama.*
Lucas 7.47 nvi

Simón el fariseo invitó a Jesús a cenar con él, pero descuidó
sus obligaciones como anfitrión. Se añadieron más personas.
Jesús no era tanto un invitado de honor como la víctima de
una encerrona crítica.

No se nos dice de qué hablaban en la mesa. Lo que sea que
estuvieran discutiendo se desvaneció antes la escena que
estaba teniendo lugar. Una mujer conocida por su vida pecaminosa había entrado en la casa. Se quedó detrás de Jesús,
derramando tantas lágrimas que pudo limpiar los pies de
Jesús, llenos del polvo del camino. ¿Quién podría hablar con
ese escándalo? Se arrodilló y se soltó el cabello, lo utilizó para
secar sus lágrimas y para lavar los pies de Jesús. Una vez lava-
dos, los besó y derramó un costoso perfume sobre ellos.

¿Qué les molestó más, el escandaloso espectáculo o esa
mujer a la que cualquier rabino debería ignorar?

Jesús respondió con una historia. La mujer no se movió,
siguió llorando y ungiendo sus pies. ¿Quién amó más? Claro,
la persona a la que se le perdonó la deuda mayor.

Ella amó no solo por la cantidad de pecados, sino porque
admitió su pecado. Estaba arrepentida, y lo manifestó no con
palabras, sino con sus acciones. Y sabía que Jesús aceptaría
su arrepentimiento, la rescataría y la perdonaría.

Tus pecados son perdonados. Vete y no peques más.

Ojalá sigamos su ejemplo.

MARÍA MAGDALENA:
Un mensaje increíble

*Fue entonces María Magdalena para dar a
los discípulos las nuevas de que había visto al
Señor, y que él le había dicho estas cosas.*
JUAN 20.18 RVR1960

Después de ver a Jesús resucitado, María Magdalena compartió la noticia con los seguidores de Jesús, y ellos no la creyeron. Sus palabras les parecieron absurdas, pero María Magdalena recordó lo que dijo Jesús cuando predijo su resurrección, y su experiencia empezó a tener sentido para ella.

No sabemos cuántas veces les insistió diciendo que había visto y hablado con Jesús. No sabemos cuántas veces le discutieron sus palabras. No sabemos qué explicaciones dieron a su mensaje. Solo podemos imaginar la frustración que debió de sentir María cuando sus palabras de gozo y victoria fueron rechazadas. Tal vez se preguntaba, confundida, cuándo aparecería Jesús y hablaría con el resto.

A veces, nuestros mensajes de esperanza y gozo son desestimados por personas que carecen de fe. Podemos tener la tentación de desesperarnos o de insistir con énfasis: «Sé que esto es cierto». Con lo que sí podemos contar es con que Dios utilizará su Palabra en todo su potencial. Como dice la Palabra de Dios, en el libro de Isaías: «Así es también la palabra que sale de mi boca: No volverá a mí vacía, sino que hará lo que yo deseo y cumplirá con mis propósitos» (Isaías 55.11 NVI).

DALILA:
Mirar al futuro

Tiempo después, Sansón se enamoró de una mujer llamada
Dalila, que vivía en el valle de Sorec. Los gobernantes
de los filisteos fueron a verla y le dijeron: «Seduce a
Sansón para que te diga qué lo hace tan fuerte, y cómo es
posible dominarlo y atarlo sin que se suelte. Luego, cada
uno de nosotros te dará mil cien piezas de plata».
JUECES 16.4–5 NTV

Incluso las personas que no conocen bien la Biblia han oído
hablar de Dalila, la mujer que sedujo a Sansón y lo vendió a
sus enemigos tras descubrir la clave de la fuerza de este juez
israelita.

Cuando los dirigentes filisteos llegaron a la puerta de
Dalila, una mujer sabia los habría despachado sin contem-
placiones. Pero Dalila no era sabia, ni fiel, ni siquiera estaba
enamorada de Sansón. Era una mujer de relajada moral y
escasa compasión, si tenemos en cuenta su comportamiento
con Sansón. Probablemente para ella el dinero era más
importante que las relaciones, porque no tardó en aceptar lo
que le ofrecieron los filisteos y echar por tierra el futuro de su
amante.

Las relaciones pueden ser un reto, incluso para las personas de mucha fe. Pero Dios nos diseñó para tenerlas. Ninguna
riqueza podrá llenar los vacíos de nuestro corazón ni restaurar nuestra reputación, si vendemos a otros por dinero. ¿Y
qué hombre habría querido a esta traidora filistea, después de
conocer su historia con Sansón?

Sin duda, Dalila descubrió el vacío del dinero, como muy
tarde, al día siguiente de traicionar a su amante.

¿Podemos aprender de su error?

¿QUÉ SIGNIFICA EL
NOMBRE DE ESA MUJER?

Al igual que hoy, algunos nombres bíblicos tenían su significado. Estos son algunos de esos significados, incluidos los nombres de algunas mujeres de este libro.

MAACA: Depresión

MAALA: Enfermedad

MAGDALENA: Mujer de Magdala

MAJALAT: Enfermedad

MARA: Amarga

MARTA: Señora

MATRED: Vara de mando

MEHETABEL: Apoyada por Dios

PRISCILA:
Un ejemplo excelente

Que el Dios que infunde aliento y perseverancia les
conceda vivir juntos en armonía, conforme al ejemplo de
Cristo Jesús, para que con un solo corazón y a una sola voz
glorifiquen al Dios y Padre de nuestro Señor Jesucristo.
ROMANOS 15.5–6 NVI

Priscila y su marido, Aquila, son mencionados varias veces en el Nuevo Testamento. En contra de la costumbre, en todos los casos, excepto en uno, Priscila aparece en primer lugar.

Algunos comentaristas destacan que el nombre de Priscila podría asociarse a la nobleza romana. La Biblia describe a Aquila como «un judío [...] natural del Ponto», en Asia Menor (Hechos 18.2 NVI). La posición social superior de Priscila podría explicar la prosperidad de la pareja, su influencia y su disposición a ministrar a los gentiles.

Como romana de alta cuna, Priscila pudo haber recibido una importante educación. También absorbió las enseñanzas de Pablo cuando se quedó con ellos. Más tarde, tanto Priscila como Aquila instruyeron a Apolos, que creía en Jesús pero necesitaba cubrir las lagunas de su teología (Hechos 18.24–26). Algunos estudiosos sugieren que Priscila y Aquila —o Priscila sola— escribieron el libro de Hebreos.

O quizás ella simplemente era la más extrovertida. Entre los dones de Aquila puede haber estado la sabiduría y el servicio entre bastidores, que complementaban el carisma de ella.

Sean cuales fueran sus diferencias, los dos creyeron en Jesucristo y se dedicaron al evangelio y a los demás cristianos, y arriesgaron sus vidas por Pablo (Romanos 16.3–4).

Priscila y Aquila sabían bien cuáles eran sus prioridades. Nosotras, como cristianas contemporáneas, que ministramos en compañía como esposas o trabajadoras, podríamos descubrir un éxito similar si seguimos su excelente ejemplo.

TRIFENA Y TRIFOSA:
Trabajo de amor

Saluden a Trifena y a Trifosa, las cuales
se esfuerzan trabajando por el Señor.
ROMANOS 16.12 NVI

En sus cartas, Pablo solía enviar saludos a los creyentes. En el caso de Trifena y Trifosa, su saludo no fue un simlpe «hola». Las felicitó por su trabajo. Este trabajo que estaban haciendo tenía un propósito: era para el Señor.

El trabajo ocupa gran parte de nuestro tiempo. Hay tareas domésticas, de jardinería, de voluntariado. Además, trabajamos en nuestros empleos, cuidamos de nuestra familia, atendemos a nuestros padres ancianos y ministramos a nuestros amigos. Si nos queda tiempo, lo empleamos en nuestras aficiones.

¿Pablo elogiaría nuestro enfoque centrado en el trabajo? ¿Podría decir que estamos trabajando duro en el Señor? Una cosa es trabajar. Otra muy distinta es hacerlo de forma que glorifique a Dios. La carta de Pablo a la iglesia de Corinto incluía estas palabras desafiantes y alentadoras: «Manténganse firmes e inconmovibles, progresando siempre en la obra del Señor, conscientes de que su trabajo en el Señor no es en vano» (1 Corintios 15.58 NVI).

Dios nos ha encomendado una obra. Tenemos que hacer un esfuerzo decidido por realizarla, sea la que sea y donde sea, de manera que lo glorifique a él.

También debemos asegurarnos de que nos tomamos el tiempo para agradecer su duro trabajo a los que nos rodean. Saber que te aprecian puede ser una gran bendición.

SELOMIT:
El dolor de la incredulidad

*Entre los israelitas vivía un hombre, hijo de madre israelita
y de padre egipcio. Y sucedió que un día este hombre y un
israelita iniciaron un pleito en el campamento. Pero el hijo
de la mujer israelita, al lanzar una maldición, pronunció el
nombre del Señor; así que se lo llevaron a Moisés. (El nombre
de su madre era Selomit hija de Dibrí, de la tribu de Dan).*

LEVÍTICO 24.10–11 NVI

Selomit se casó con un egipcio que se unió a los israelitas
durante su éxodo de Egipto. No sabemos si el marido de
Selomit abrazó la fe en Yahvé o no, pero que partiera con los
judíos sugiere al menos un respeto sincero por Dios. Su hijo
debió de escuchar la revelación de Dios a Moisés.

Aunque Selomit era danita de nacimiento, quizás ella y su
marido vivieron separados de los israelitas. Cuando su hijo
entró en el campamento, inició una pelea, lo suficientemente
grave como para provocar una maldición. Y no una maldición
cualquiera, sino una blasfemia. ¿Cuál era el castigo? Muerte
por lapidación.

Imagina las consecuencias para la familia de Selomit.
¿Dolor? ¿Ira? ¿Quedar señalados? ¿Abrazaron la fe en el Dios
de Israel con renovado fervor? ¿O aquello los alejó más?
¿Acercó a la familia o abrió una brecha entre ellos?

El dolor de Selomit es universal. En el Nuevo Testamento,
Pablo advierte que no hay que unirse con un incrédulo
(2 Corintios 6.14). Al igual que Selomit, una creyente unida a
un incrédulo se enfrenta a retos extra, posiblemente fatales,
en el matrimonio.

Si estamos unidas a alguien que no cree, eso puede traer
bendición o dolor. Puede desgarrarnos o, como también
señala Pablo, puede conducir a la pareja incrédula a la salvación (1 Corintios 7.16).

ABÍAS:
Buenos ejemplos

*Ezequías tenía veinticinco años cuando subió al
trono de Judá y reinó en Jerusalén veintinueve años.
Su madre se llamaba Abías, hija de Zacarías.*

2 Crónicas 29.1 NTV

Es posible que Abías (que también se llama Abi en 2 Reyes
18.2 [RVR1960]) fuera reina, pero su vida estuvo lejos de ser
perfecta. Atrapado en la idolatría, su marido, el rey Acaz,
nunca siguió al Señor. Difícilmente podría él ser un buen
ejemplo para su hijo, Ezequías, y eso debió de ser duro para
Abías, que venía de una familia piadosa.

El padre de Abías, un levita que custodiaba «la entrada del
tabernáculo», era considerado «un hombre de una sabiduría
fuera de lo común» (1 Crónicas 9.21; 26.14 NTV). Al crecer en
una familia así, probablemente Abías no podía imaginar cómo
sería la vida con un marido impío.

Sin embargo, a pesar del pésimo ejemplo de su padre,
Ezequías llegó a rey viviendo conforme al modelo la familia
de Abías. Hizo lo correcto a los ojos de Dios y devolvió a su
pueblo al culto a Dios haciendo purificar el templo y restable-
ciendo el culto en él. Qué orgullosa de él debía de estar Abías.

Un ejemplo piadoso como el de Abías toca los corazones.
Es posible que Ezequías se haya sentido reconfortado por
la fidelidad de su madre y de su abuelo. Siguiendo sus pasos,
influyó en toda una nación para bien.

Aunque dudemos de que nuestras vidas puedan tener tal
impacto, nunca sabemos quién está observando. Hoy, ¿a qué
espíritu hambriento podrían tocar nuestras vidas? Podrían
ser. Incluso nuestros propios hijos.

LA ESPOSA DE JOB:
¿Maldecir a Dios?

Su esposa le reprochó:
—¿Todavía mantienes firme tu integridad?
¡Maldice a Dios y muérete!
JOB 2.9 NVI

Desde la perspectiva de la esposa de Job, las cosas no pintaban bien. Físicamente, Job estaba casi muerto. Se retorcía de dolor. Su vida social se marchitó. Sus seres queridos habían muerto o lo habían abandonado. Entonces, su desesperada esposa añadió el insulto a la injuria, pues lo incitó a invitar a la muerte espiritual.

Tal vez podamos entender la reacción de la esposa de Job. Es duro ver sufrir a los que amamos. Quizá llegó a la conclusión, desesperada, de que la única salida para Job era una muerte solitaria.

Cuando el sufrimiento nos lleva a la desesperación, por una misma o por otros, ese sentimiento suele parecer insoportable. Coqueteamos con las dudas sobre la bondad y las promesas de Dios. Sin embargo, si no le damos la espalda a Dios, él nos ayudará a elegir la fe.

Podemos pedir una fuerza como la que mostró Abraham, aunque esperó mucho tiempo para ver la culminación de la promesa de Dios. «Abraham siempre creyó la promesa de Dios sin vacilar. De hecho, su fe se fortaleció aún más y así le dio gloria a Dios» (Romanos 4.20 NTV).

Nuestra fe no es solo para nosotras mismas. Cuando tenemos la fuerza de la fe, podemos ayudar a otros a ver a Dios en sus situaciones. La esposa de Job habría sido una heroína por muchas generaciones si le hubiera dicho a Job: «Pues dentro de muy poco tiempo, "el que ha de venir vendrá, y no tardará"» (Hebreos 10.37 NVI).

EVA:
Conversación con el diablo

—Claro que podemos comer del fruto de los árboles del huerto
—contestó la mujer—. Es solo del fruto del árbol que está en
medio del huerto del que no se nos permite comer. Dios dijo:
«No deben comerlo, ni siquiera tocarlo; si lo hacen, morirán».
—¡No morirán!—respondió la serpiente a la mujer—.
GÉNESIS 3.2–4 NTV

Eva ni siquiera debería haber iniciado la conversación con
esa astuta y malvada serpiente. Realmente no sabemos
qué la llevó a esta discusión, pero sabemos que las palabras
pronto cambiaron su vida para siempre. Cómo habrían sido
de diferentes los acontecimientos si ella hubiera llevado esas
preguntas al Señor antes de actuar con el engaño del diablo.

El diablo sabe cómo retorcer las palabras y confundirnos
con sus mentiras. La deshonestidad de dos caras se convierte
en una herramienta inteligente, ya que recubre sus historias
con la verdad justa para que suenen bien. Sus habilidades son
el engaño y la decepción de los seres humanos.

A menudo, simples mentiras piadosas nos llevan por
caminos que luego lamentamos. Lo que comienza como una
diversión inocente toma un giro trágico cuando creemos en
la desinformación del mundo sin acudir a Dios para que nos
guíe. Apartamos los ojos de Dios para contemplar y anhelar
las brillantes tentaciones que nos rodean, y pronto estamos
en problemas.

El diablo nubla nuestras circunstancias; Dios aclara y
despeja nuestra confusión. La lección de Eva para nosotras es
alejarnos del engaño y acudir a Dios en busca de la verdad.

LA MUJER QUE HALLÓ LA MONEDA PERDIDA:
Dar las gracias

O supongamos que una mujer tiene diez monedas de plata y pierde una. ¿No enciende una lámpara, barre la casa y busca con cuidado hasta encontrarla?

Lucas 15.8 NVI

A nadie le gusta perder cosas, sobre todo si es dinero. Esta mujer perdió una moneda. Su forma de reaccionar a esa pérdida dice mucho de su carácter.

Podría haber dicho que no le importaba la moneda perdida; después de todo, aún le quedaban nueve. Sin embargo, esta no fue su respuesta. Decidió que esa moneda era importante, y quería recuperarla. En lugar de caer en la autocompasión, comenzó a buscar de inmediato. Buscó cuidadosamente, para evitar que se le pasara por alto la moneda.

Cuando por fin encontró la moneda, se nos enseña algo más de esta mujer: era una persona agradecida. Lo sabemos porque llamó a sus amigas para que vinieran a alegrarse con ella.

¿Cómo actuamos cuando hemos perdido algo? ¿Nuestra reacción es de ira y frustración? ¿Bajamos los brazos desesperadas o buscamos con diligencia? ¿Estamos agradecidas cuando encontramos lo que hemos perdido?

¿No nos alegra que cuando nosotras nos perdemos en los asuntos del mundo Jesús nos busque? Qué maravilloso es saber que Jesús no descansa hasta que nos tiene a salvo en el lugar al que pertenecemos. Tenemos un Salvador que nunca se da por vencido.

Así que alégrate, y no olvides invitar a tus amigas.

DOS PROSTITUTAS:
La decisión del rey

Besó el suave cabello de su bebé, casi olvidando su profesión de prostituta. Su compañera de cuarto, que se dedicaba a lo mismo, sostenía a su propio recién nacido.

A la mañana siguiente, descubrió que el bebé que tenía a su lado había muerto. Pero era el hijo de la otra prostituta. Desesperada, encontró a su bebé en los brazos de su compañera. La mujer gritó: «¡Es mío! El niño muerto es el tuyo».

Sin testigos, la desgracia de la madre verdadera se convirtió en desesperación. A Dios no le importaban las prostitutas. ¿La ayudaría el rey Salomón? Más bien, haría que ella y su adversaria fueran eliminadas como simples alimañas. Pero, ¿a quién si no podía recurrir?

En el juicio, la escalofriante orden del rey paralizó su discusión. «Partan al niño vivo en dos y denle una mitad a cada una».

Ella suplicó: «¡Mi señor, dele el bebé a ella! No lo maten».

Su compañera dijo: «¡Sí, pártanlo en dos!».

Salomón ordenó: «No lo maten. Entréguenle a la primera el niño que está vivo, pues ella es la madre» (1 Reyes 3.24–27 NVI).

Abrazando a su hijo, no dejaba de dar las gracias al rey. En efecto, Dios se preocupó por ella.

Atrapadas en la desesperanza y el pecado, nosotras también podemos llegar a pensar que el Rey de la gloria ignora nuestro dolor. Pero Jesús, el Juez sabio y compasivo, está presto a escuchar y actuar, si acudimos a él.

ABIGAÍL, MADRE DE AMASÁ:
¿Paz o cuchillo?

Ahora bien, en lugar de Joab, Absalón había nombrado general
de su ejército a Amasá, que era hijo de un hombre llamado
Itrá, el cual era ismaelita y se había casado con Abigaíl,
hija de Najás y hermana de Sarvia, la madre de Joab.

2 SAMUEL 17.25 NVI

Cuando Absalón conquistó Jerusalén y el hijo de Abigaíl, Amasá, se convirtió en jefe del ejército rebelde, es posible que su madre se alegrara de que hubiera alcanzado una posición tan importante. Pero pronto Abigaíl habría comprendido la confusión y el peligro que enfrentaba su hijo. Porque el rebelde Absalón no tardó en morir, y su hijo fue tachado de traidor al rey David.

Entonces, en uno de esos giros pacificadores que cambian vidas, el rey David le ofreció a Amasá el puesto de jefe de su ejército, en lugar de Joab, el sobrino de Abigaíl, que tenía ese cargo. Una vez más, Abigaíl debió de estar en la cima del mundo y aliviada de que su hijo estuviera a salvo y fuera de la confianza del rey.

Pero ¡qué disputa familiar se inició con la decisión de David! El celoso Joab respondió matando a su nuevo comandante de una puñalada. Una situación que parecía tan prometedora se convirtió al instante en una tragedia.

Las familias nunca son perfectas, y algunas son peores que otras. Pero todas nosotras debemos entender, a diferencia de Joab, que es Dios, y no quien nos ofende, el que controla nuestras vidas. Cuánto mejor es traer paz, y no un cuchillo afilado, a la vida familiar.

LEA:
Siempre por debajo

*No había brillo en los ojos de Lea, pero Raquel
tenía una hermosa figura y una cara bonita.*
Génesis 29.17 NTV

Parece que Lea se había pasado la vida siendo comparada con
su hermana pequeña. Cada vez que ocurría, le recordaban que
estaba por debajo: en belleza, en posibilidades de encontrar
un marido. No lo sabemos con certeza, pero parece que sus
circunstancias —su falta de autonomía, su falta de elección—
la habían hundido tanto que sus ojos habían perdido el brillo
de la vida.

Cuando su padre tramó casarla con Jacob, que pensaba
casarse con Raquel, parece que ella no protestó, sino que
siguió el plan de su padre. Quizás sentía tal impotencia que
protestar o alertar a Jacob habría empeorado su vida.

Cuando nos encontramos en circunstancias indeseables
y carecemos de poder para cambiarlas, debemos pedir a Dios
sabiduría y la capacidad de sentir su presencia en nuestras
vidas. A veces podemos actuar para cambiar las cosas, y otras
veces tenemos que rendirnos a nuestras circunstancias,
sabiendo que nuestro Dios omnisciente y amoroso es nuestro
compañero constante. Podemos pedir la confianza de la que
hablaba Pablo, que soportó grandes dificultades: «Y estoy
convencido de que nada podrá jamás separarnos del amor de
Dios. Ni la muerte ni la vida, ni ángeles ni demonios, ni nuestros temores de hoy ni nuestras preocupaciones de mañana.
Ni siquiera los poderes del infierno pueden separarnos del
amor de Dios» (Romanos 8.38 NTV).

¿QUÉ SIGNIFICA EL
NOMBRE DE ESA MUJER?

Al igual que hoy, algunos nombres bíblicos tenían su significado. Estos son algunos de esos significados, incluidos los nombres de algunas mujeres de este libro.

MERAB: Aumentar

MESULEMET: Una misión

MEZAHAB: Agua de oro

MICAÍAS: ¿Quién como Dios?

MICAL: Riachuelo

MILCA: Reina

MIRIAM: Con rebeldía

EUNICE Y LOIDA:
Dejar un legado

*Traigo a la memoria tu fe sincera, la cual animó
primero a tu abuela Loida y a tu madre Eunice,
y ahora te anima a ti. De eso estoy convencido.*

2 TIMOTEO 1.5 NVI

Nuestras raíces son profundas. Algunas de nosotras podemos remontarnos cientos de años en nuestra genealogía. Otras solo conocemos algunos datos sobre nuestros antepasados. En cualquier caso, nuestra herencia es la historia de nuestra familia.

En estos versículos, Pablo escribe con cariño a Timoteo honrando su devoción. En cierto sentido, la confianza y la creencia en Dios de Timoteo comenzaron mucho antes de que naciera. Pablo reconoce que el fundamento de la fe de Timoteo comenzó con su abuela Loida y se transmitió a su madre, Eunice.

Qué gran legado dejaron estas mujeres. Seguramente hablaban de lo que creían y explicaban la importancia de Dios en sus vidas. La adoración y escuchar las Escrituras eran prácticas fundamentales para ellas. Su cuidado de los demás debe de haber sido evidente y su compasión auténtica sería visible. Para Timoteo, su forma de vida demostraba la manera de servir a Dios y le dejó raíces fuertes y seguras.

Otras personas observan nuestras acciones y escuchan nuestras palabras cada día. Vivir nuestra fe es un regalo que podemos dar a aquellos con los que entramos en contacto, y se convierte en una herencia que pasamos a otros. ¿Ven lo que hacemos y saben en qué creemos? ¿Serían capaces de contar a otros sobre nuestra compasión y nuestra disposición de ayudar a los necesitados?

¿Qué legado espiritual estamos dejando a nuestras familias?

LA REINA DEL SUR:
Buscadora de la verdad real

La reina del Sur se levantará en el día del juicio
y condenará a esta generación; porque ella vino desde los
confines de la tierra para escuchar la sabiduría de Salomón,
y aquí tienen ustedes a uno más grande que Salomón.
MATEO 12.42 NVI

La reina del Sur (o de Sabá) recorrió dos mil quinientos kilómetros para ver al rey Salomón, si es que procedía del actual Yemen, como creen muchos expertos. Si era de Etiopía, como sugieren otros, viajó más lejos. El floreciente comercio de Israel competía con el comercio de especias de su país, por lo que la reina deseaba que las relaciones entre ambos fueran buenas.

Su magnífica caravana, que llevaba oro, joyas y especias, había sido preparada para impresionar hasta al legendario Salomón.

Podría haber enviado a altos funcionarios en su lugar. Pero cuando «la reina de Sabá se enteró de la fama de Salomón, con la cual él honraba el nombre del SEÑOR, así que fue a verlo para ponerlo a prueba con preguntas difíciles» (1 Reyes 10.1 NVI).

Quedó abrumada no solo ante su riqueza, sino ante su sabiduría. «Y alabado sea el SEÑOR tu Dios [...], te ha hecho rey para que gobiernes con justicia y rectitud» (1 Reyes 10.9 NVI).

Es posible que sus palabras fueran mera cortesía para su anfitrión y su Dios, y que no reconociera verdaderamente la soberanía del Señor. Sin embargo, siglos después, Jesús atribuye a la Reina del Sur una pasión por la verdad de la que carecían los líderes religiosos judíos.

Aunque vivimos en la era de la información, podemos adolecer de una deficiencia similar. ¿Buscamos a Jesús, que es la Verdad, con un anhelo que supera con creces nuestro deseo de otros tesoros?

LAS DIEZ VÍRGENES:
Estén preparadas

A medianoche se oyó un grito: «¡Ahí viene el novio!
¡Salgan a recibirlo!» Entonces todas las jóvenes se
despertaron y se pusieron a preparar sus lámparas. Las
insensatas dijeron a las prudentes: «Dennos un poco de su
aceite porque nuestras lámparas se están apagando». «No
—respondieron estas—, porque así no va a alcanzar ni
para nosotras ni para ustedes. Es mejor que vayan a los
que venden aceite, y compren para ustedes mismas».
MATEO 25.6–9 NVI

Las diez vírgenes esperaban al novio. Como se retrasó, las lámparas se quedaron sin aceite. La mitad de ellas habían traído un suministro extra de aceite. El resto tuvo que ir a comprar más. Cuando regresaron, la comitiva nupcial se había ido.

¿Significa la parábola que solo las personas superorganizadas, como las que hicieron acopio de suministros para el efecto 2000, entrarán en el cielo? No lo creo, ya que la gracia de Dios cubre todos nuestros pecados.

Varios pasajes de la Biblia nos dan vislumbres del regreso del Señor. En los últimos cien años, se ha señalado la alianza del Eje durante la Segunda Guerra Mundial, el establecimiento de la nación de Israel y la posterior toma de Jerusalén, y el cambio de milenio como señales de que el Señor regresaría pronto. Pero seguimos esperando.

Sea cual sea nuestra época, el Señor espera que nos preparemos para su regreso. A menudo, nos hace llegar algunas señales para recordárnoslo. Sin esa urgencia, podríamos tener la tentación de descuidar el testimonio y el ministerio.

Mantengamos con aceite nuestras lámparas, como advierte Pedro: «Estén siempre preparados para responder a todo el que les pida razón de la esperanza que hay en ustedes» (1 Pedro 3.15 NVI).

ABISAG:
¿No hay elección?

—Pero ¿cómo puedes pedirme semejante cosa? —respondió
el rey a su madre—. Es mi hermano mayor, y cuenta con
el apoyo del sacerdote Abiatar y de Joab hijo de Sarvia.
¡Realmente me estás pidiendo que le ceda el trono!
1 REYES 2.22 NVI

¿Tenía algo que decir la bella Abisag sobre su futuro? Primero se convirtió en sierva y en una especie de calefactor humano para el rey David (1 Reyes 1.2–4). Luego, Adonías, hermano rebelde del nuevo rey de Israel, envió a la madre de Salomón a pedir su mano. El inseguro rey Salomón rechazó enseguida la idea, ya que tomar posesión de esta mujer del harén real podría animar a sus súbditos a creer que su hermano mayor tenía más derecho al trono que el hijo favorito de David.

Esperamos que Abisag no se dejara seducir por el príncipe rebelde, ya que no tuvo la oportunidad de elegirlo como esposo.

En nuestras vidas, hemos experimentado la falta de control de Abisag sobre su futuro, por ejemplo cuando Dios nos ha privado de una elección porque otra persona se queda con el trabajo o con el chico que amábamos. Abisag tuvo que vivir con la elección que otros hicieron por ella, y a veces nos sucede lo mismo.

Cuando la vida no resulta como queríamos, ¿podemos seguir confiando en que Dios también usará esto para traer solo lo mejor a nuestras vidas? ¿O miraremos hacia atrás, buscando con nostalgia lo que podría haber sido?

MARÍA, MADRE DE JESÚS:
Alabar a Dios

Muy bien, el Señor mismo les dará la señal. ¡Miren! ¡La
virgen concebirá un niño! Dará a luz un hijo y lo llamarán
Emanuel (que significa «Dios está con nosotros»).

ISAÍAS 7.14 NTV

María era una joven judía que quizá, como muchas otras, soñaba con ser la madre del esperado Mesías. Cuando el ángel Gabriel le dijo que había sido elegida como madre del Mesías, María aceptó con gozo la noticia, aunque no podía entender cómo se desarrollarían los acontecimientos.

A pesar de sus preguntas y del dolor y el sufrimiento que le supuso ser madre de Jesús, María cuidó y sirvió a Jesús toda su vida. No lo abandonó cuando el futuro reino que había prometido parecía desvanecerse. María estuvo entre los que presenciaron su miserable muerte en la cruz.

Vivió una vida llena de sorpresas y desafíos. Su ejemplo y sus palabras de alabanza, cuando se le anunció la noticia, resuenan a través de los siglos: María respondió: «Oh, cuánto alaba mi alma al Señor. ¡Cuánto mi espíritu se alegra en Dios mi Salvador! Pues se fijó en su humilde sierva, y de ahora en adelante todas las generaciones me llamarán bendita» (Lucas 1.46–48 NTV).

Seguramente, cuando la vida es confusa y difícil, nuestra inclinación natural no es alabar a Dios. Puede que queramos quejarnos y resentirnos por el papel que Dios nos ha pedido que desempeñemos, pero seguir el gran ejemplo de fe de María nos permitirá cumplir competentemente con nuestro papel en el reino de Dios.

ESTER:
Celebrar y recordar

*Esos días se recordarían y se mantendrían de generación
en generación y serían celebrados por cada familia en todas
las provincias y ciudades del imperio. El Festival de Purim
nunca dejaría de celebrarse entre los judíos, ni se extinguiría
de entre sus descendientes el recuerdo de lo ocurrido.*

ESTER 9.28 NTV

La gente de fe judía celebra la fiesta de Purim a principios
de la primavera, recordando y honrando el momento en que
Dios salvó a los judíos de la destrucción, como se cuenta en
el libro de Ester. Cautiva en Persia, la reina judía Ester habló
con valentía y arriesgando mucho para salvar a su pueblo de
la aniquilación.

Ahora, cada año, los judíos celebran la fiesta de Purim y
recuerdan este acontecimiento. *Purim* significa «suertes». La
fiesta debe su nombre a la decisión de Amán de echar suertes
para elegir el día en que matarían a todos los judíos del reino.
En esta festividad, los judíos recuerdan la valentía de Ester
leyendo el libro que lleva su nombre y siguiendo sus instrucciones de compartir comida y ayudar a los pobres. De esta
forma, conmemoran la gracia y el amor de Dios.

Al igual que Ester, cuando prestamos atención a la forma
en que el amor y la gracia de Dios obran en nuestras vidas,
vemos su extraordinaria paz y perdón actuando a través de
nosotras. Recordaremos los momentos en los que encontramos esa fuerza que sabíamos que solo venía de arriba.
Encontraremos la palabra justa para ayudar o nos maravi-
llaremos de estar ahí en el momento y lugar adecuados para
ayudar a los demás. Entonces, al igual que la reina, sabremos
que hemos experimentado la guía de Dios.

PÉRSIDA:
Una mujer persistente

*Manténganse firmes e inconmovibles, progresando
siempre en la obra del Señor, conscientes de
que su trabajo en el Señor no es en vano.*

1 Corintios 15.58 nvi

Pérsida solo se menciona una vez en la Biblia, pero la consideración de Pablo por ella nos ha llegado a través de los siglos. Hay un pequeño interrogante en torno a su relación, ya que Pablo, cuando escribió la carta a los Romanos, nunca había visitado Roma, donde vivía Pérsida. Sin embargo, la saluda como «mi querida hermana» (Romanos 16.12 nvi). Tal vez Pérsida, al igual que Priscila y Aquila, fue expulsada de Roma por Claudio hacia el año 50 d. C. y luego regresó cuando las tensiones se relajaron. O, si era nativa de Asia Menor, Antioquía de Siria u otra zona donde Pablo ejerció su ministerio, puede que más tarde se trasladara a Roma para edificar la iglesia allí.

Llegara como llegara Pérsida a Roma, Pablo dice que «ha trabajado muchísimo en el Señor» (Romanos 16.12 nvi). ¿A qué desafíos se enfrentó Pérsida?

Aquella enorme y diversa ciudad, con una población de cientos de miles, quizás millones, podría haberla intimidado.

Roma, aunque bendecida material, artística y culturalmente, estaba saturada de paganismo.

Los cristianos romanos vivían bajo la amenaza de persecuciones aleatorias.

Si Pérsida era una romana de clase alta, gozaba de libertades que no tenían otras mujeres. Aun así, la dominación masculina generalizada ponía límites a Pérsida y a su capacidad de compartir el evangelio.

Sin embargo, estaba decidida a servir a Cristo, sin importar los obstáculos, segura de su recompensa.

¡Hagamos nosotras lo mismo!

SARA:
La belleza de Canaán

*Tal es el caso de Sara, que obedecía a Abraham
y lo llamaba su señor. Ustedes son hijas de ella
si hacen el bien y viven sin ningún temor.*

1 PEDRO 3.6 NVI

Siglos antes de que Grecia y Troya entraran en guerra por «el rostro que fletó mil barcos», Abram se enfrentó a un problema similar. Su esposa, Sarai, hacía voltearse las cabezas allá donde iba. Habría sido la Miss Universo de la época. Cuando, durante una hambruna, huyeron de Canaán a Egipto, él le rogó a su esposa que se hiciera pasar por su hermana. Era su hermanastra (Génesis 20.12).

Sus temores se hicieron realidad cuando los egipcios se la recomendaron al faraón. Dios protegió a Sarai, pero ella y Abram fueron expulsados del país.

Más tarde, Abraham le pidió a su esposa que repitiera la misma treta. A pesar de su avanzada edad, otro rey incorporó a su harén a la todavía bella Sara, con el mismo resultado que en Egipto.

Sin duda, Sara era una mujer hermosa que con los años se volvió más encantadora. Tenía todas las razones humanas para sentirse orgullosa de su aspecto. Pero, según Pedro, ella no dependía de los peinados, las joyas o la ropa para ser bella. En cambio, cultivaba un espíritu apacible y tranquilo.

Si Dios compilara un almanaque de mujeres como Sara, amables y tranquilas, que actúan sin miedo, ¿a quiénes elegiría? Ese es un concurso de belleza que todas deberíamos intentar ganar.

P.D. La buena noticia es que él nos elegiría a cada una de nosotras.

APIA:
Llenando nuestras almas

*Pablo, prisionero de Jesucristo, y el hermano Timoteo,
al amado Filemón, colaborador nuestro, y a la amada
hermana Apia, y a Arquipo nuestro compañero
de milicia, y a la iglesia que está en tu casa.*
FILEMÓN 1.1–2 RVR1960

Probablemente, Apia era la esposa de Filemón y, por lo tanto, tenía que ver con la situación de Onésimo, ya que ese esclavo fugitivo había sido devuelto a su casa. El trato que recibiera el esclavo recién convertido dependía de cómo reaccionaran Apia y su marido, Filemón, a la petición de clemencia del apóstol Pablo.

Sin duda, en casa de Filemón las emociones estaban a flor de piel. Es posible que él y su esposa reaccionaran con asombro cuando Pablo les pidió que aceptaran como hermano en Cristo al esclavo fugado. Al fin y al cabo, legalmente tenían total autoridad sobre su esclavo y podrían incluso haber hecho que lo mataran.

Aunque la pareja podría haberle hecho la vida muy difícil al fugitivo, Pablo les pidió tener compasión e incluso les insinuó que podrían liberar a Onésimo y enviarlo de vuelta para que continuara el ministerio que había comenzado con Pablo (Filemón 1.12–16).

Al igual que Apia, nos enfrentamos a momentos en los que nuestras emociones querrán llevarnos a la venganza. ¿Intentaremos ser muy exigentes o escucharemos la voz del apóstol? Buscar la retribución nos deja con el corazón y el espíritu vacíos. Pero el perdón puede llenar nuestras almas y las vidas de los que nos rodean.

¿Cómo reaccionará cada una de nosotras ante su propio Onésimo?

JECOLÍAS:
Madre de un rey

Tenía dieciséis años cuando comenzó a reinar,
y reinó en Jerusalén cincuenta y dos años. Su
madre era Jecolías, oriunda de Jerusalén.

2 REYES 15.2 NVI

Jecolías ocupaba un puesto de honor. Era de Jerusalén, un lugar de prestigio; su esposo había reinado con honor, y su hijo Azarías, que llegó a ser rey a los dieciséis años y reinó por cincuenta y dos, siguió el ejemplo de su padre.

Desgraciadamente, el hijo de Jecolías, el rey Azarías, no quitó los lugares de culto a los ídolos, lo que le daba al pueblo la oportunidad de adorar a dioses falsos. En consecuencia, Dios hirió a Azarías con lepra. La lepra implicaba impureza y hacía que apartaran al enfermo de la comunidad.

Qué angustia para una madre preocupada por su hijo. Tal vez, como muchas madres, alertó a su hijo sobre la sabiduría de seguir los mandamientos de Dios. Tal vez observaba alarmada mientras él descuidaba su deber.

Jecolías había vivido una vida privilegiada, rodeada del éxito y de todas sus ventajas, pero el pecado se introdujo, trayendo la destrucción y la ira de Dios. ¿Qué sintió al ser testigo de la disciplina de Dios sobre su hijo?

Cuando las personas que amamos toman decisiones que conducen a la disciplina de Dios, podemos optar entre resentirnos o rendirnos a ella. La disciplina es dolorosa, pero podemos aceptarla porque el Dios de amor la usa con un propósito.

«Dios lo hace [nos disciplina] para nuestro bien, a fin de que participemos de su santidad. Ciertamente, ninguna disciplina, en el momento de recibirla, parece agradable, sino más bien penosa; sin embargo, después produce una cosecha de justicia y paz para quienes han sido entrenados por ella» (Hebreos 12.10–11 NVI).

¿QUÉ SIGNIFICA EL NOMBRE DE ESA MUJER?

Al igual que hoy, algunos nombres bíblicos tenían su significado. Estos son algunos de esos significados, incluidos los nombres de algunas mujeres de este libro.

NAAMA: Placer

NAARA: Chica

NEHUSTA: Cobre

NINFAS: Ninfa dada

NOA: Descanso

NOADÍAS: Convocada por Dios

NOEMÍ: Agradable

UNA MUJER ENTRE LA MULTITUD:
Ser bendecida

Mientras él hablaba, una mujer de la multitud
exclamó: «¡Que Dios bendiga a tu madre, el vientre del
cual saliste y los pechos que te amamantaron!».

Lucas 11.27 NTV

Resultaría muy halagador que esta mujer clamara y pidiera a Dios que bendijera a la madre de Jesús. Pero Jesús no responde a su comentario con palabras de agradecimiento ni diciendo «Amén». Jesús se apresura a señalar que la bendición la tendrán todos los que, al escuchar la Palabra de Dios, la pongan en práctica.

Jesús sabe que la Palabra de Dios es poderosa. Pablo escribió en Romanos: «Así que la fe es por el oír, y el oír, por la palabra de Dios» (Romanos 10.17 RVR1960). Es la Palabra de Dios la que cambia los corazones y trae la bendición.

Oír fielmente las verdades bíblicas es solo una parte de lo que le dice Jesús a la mujer. ¿Qué pasa con lo que dijo sobre poner en práctica lo que oímos? Si no lo hacemos, no estamos recibiendo el beneficio de nuestro oír. Es como ir al médico y que te receten un medicamento, pero no tomarlo. No verás ninguna mejora si no sigues el tratamiento recomendado.

Podemos estar agradecidas de que, así como le señaló a esta mujer el camino correcto a Dios, Jesús hace lo mismo por nosotras. ¿Estás dispuesta a leer la Biblia y poner en práctica lo que enseña? Si lo haces, será bendecida. Cristo nos dio su palabra al respecto.

ELISABET:
Una amistad

*Pocos días después, María fue de prisa a la zona montañosa
de Judea, al pueblo donde vivía Zacarías. Entró en
la casa y saludó a Elisabet. Al escuchar el saludo de
María, el bebé de Elisabet saltó en su vientre y Elisabet
se llenó del Espíritu Santo [...]. Y María se quedó con
Elisabet unos tres meses y luego regresó a su casa.*
Lucas 1.39–41, 56 NTV

¿Te has preguntado alguna vez por qué María visitó a Elisabet
y se quedó con ella tanto tiempo? Tal vez el hecho de compartir
una experiencia —el embarazo de ambas— reforzó su relación.

O tal vez María necesitaba el consejo de alguien mayor y
más sabia. ¿Podría ser que, al verse embarazada, María buscara a alguien de confianza?

Sea cual sea el motivo, su saludo rebosó de alegría. El niño
de Elisabet bailó en su interior, saltando de alegría cuando
llegó María. Elisabet conocía la fuente de ese gozo: cuando se
abrazaron, el Espíritu Santo lo celebró en lo más profundo de
su corazón.

Nuestras amistades pueden ser como la de María y
Elisabet. Cuando nos sentimos vacías, nos apresuramos a
acudir a una amiga en busca de esperanza y aliento. O nos
levantamos en medio de una noche oscura para dar consuelo
a una compañera íntima.

Nuestras noticias emocionantes y aterradoras se las con-
fiamos a las buenas amigas. Escuchamos con la mayor atención en busca de indicios ocultos de la guía de Dios mientras
nos contamos nuestra vida. Buscamos las unas la sabiduría de
las otroas, sabiendo que Dios está presente en nuestra relación con las hermanas.

El Espíritu de Dios se goza cuando dos amigas se abrazan
y caminan juntas por la vida.

TAPENÉS:
El beneficio del cariño

Hadad agradó tanto al faraón, que este le dio por
esposa a su cuñada, una hermana de la reina Tapenés.
La hermana de Tapenés dio a luz un hijo, al que llamó
Guenubat, y Tapenés lo educó en el palacio real. De modo
que Guenubat creció junto con los hijos del faraón.
1 Reyes 11.19–20 NVI

Dios trajo juicio sobre Salomón por descuidar un pacto con antiguos enemigos. A pesar del mandamiento divino «No aborrecerás al edomita» (Deuteronomio 23.7 NVI), Joab, el general de su padre, intentó matar a todos los hombres de Edom en un período de seis meses.

Durante esa caza de brujas de Joab, el rey de Edom escapó a Egipto. El faraón estaba tan complacido con Hadad que le dio a su cuñada como esposa. Este matrimonio cimentó una alianza militar.

Las familias forjaron una unión más fuerte que nunca, sobre todo gracias a la esposa del faraón, Tapenés. Como reina de Egipto, probablemente ejercía un enorme poder. Trajo a su sobrino a su casa. Al igual que Moisés siglos antes, Guenubat fue criado en el palacio real, con toda la formación y las oportunidades que implica esa posición.

Pasó el tiempo y Hadad se enteró de que tanto David como Joab habían muerto. Regresó a Edom y se rebeló contra Salomón.

¿Cómo podría haber sido la situación? Si Joab no hubiera seguido su impulso homicida, ¿habrían disfrutado Salomón y Hadad de paz? Si las esposas de Salomón hubieran formado el tipo de familia extendida que desarrolló Tapenés, ¿cómo podría haber cambiado la historia?

Como Tapenés, debemos acoger a los extranjeros en nuestro entorno: en casa, en el trabajo, en la iglesia.

PRISCILA:
La trotamundos de Dios

La mayoría de las mujeres de los tiempos del Nuevo
Testamento vivían y morían en la misma región. Pero Priscila,
también llamada Prisca, se aventuró por Roma, Grecia y Asia
Menor, plantando y edificando iglesias.

Ella y su marido, Aquila, vivían en Roma, pero hacia el año
50 el emperador Claudio expulsó a los judíos de la ciudad. La
pareja se trasladó a Corinto, donde conoció a Pablo. Nadie
sabe si él les presentó a Priscila y a Aquila a Jesús, pero su
estado espiritual y su negocio de tejer tiendas prosperaron
con la ayuda de Pablo. Priscila y su marido fueron los anfitriones de una iglesia en crecimiento. Pero lo dejaron todo para
acompañar al apóstol a Jerusalén.

Sin embargo, antes de proseguir su viaje, Pablo introdujo
el evangelio en Éfeso, en Asia Menor. Priscila y Aquila se quedaron para edificar a la iglesia.

Más tarde, Pablo les envió saludos a Roma y a «la iglesia
que se reúne en la casa de ellos» (Romanos 16.3–5 NVI), por lo
que la pareja debió de regresar a esa ciudad cuando las tensiones disminuyeron. Pero es posible que Priscila tuviera la
maleta hecha, ya que Pablo, en su última carta a Timoteo en
Éfeso, saludó a la pareja allá (2 Timoteo 4.19).

A pesar de los problemáticos viajes y la persecución,
Priscila acogió en su casa a personas de muy diversos orígenes. Siempre en busca de nuevos y excitantes horizontes
donde poder difundir el evangelio, Priscila nunca se aburrió.

¡Nosotras tampoco tenemos por qué aburrirnos!

DINA:
Invisible, vulnerable y sin voz

Más adelante, ella dio a luz una hija y le puso por nombre Dina.
GÉNESIS 30.21 NTV

Dina vivía eclipsada por doce hermanos, siendo la única chica. Su nacimiento se produjo justo antes de que naciera José, el hijo favorito de Jacob. ¿Se fijó Jacob en ella alguna vez? Como era «solo una chica», probablemente tenía poco valor.

Salvo un incidente en Génesis 34, la Biblia no nos da muchos detalles sobre Dina. Cuando fue víctima de violación, de repente adquirió cierta importancia. Sus hermanos, enojados por el deshonor que significaba para la familia, se vengaron. Sin embargo, aunque se nos narra su violenta reacción, no se nos cuenta qué le ocurrió a Dina.

Como mujer, Dina es invisible en su vulnerabilidad y carece de voz en su propia historia.

Hoy en día, las mujeres siguen siendo invisibles, vulnerables y sin voz. No oímos el llanto de las mujeres de otros países. Evitamos los parqueaderos de nuestras comunidades donde las mujeres venden su cuerpo. Apagamos las noticias cuando se informa de la violencia injusta en todo el mundo o incluso en nuestro entorno cercano.

Pero nadie es invisible para Dios. Él nos ve a cada una de nosotras, incluso a las que son víctimas de la sociedad y las circunstancias.

En nuestra vulnerabilidad, Dios está con nosotras, dándonos valor para posicionarnos y marcar la diferencia.

Dios nos da a todas una voz para hablar por quienes no tienen voz. Él despierta nuestra conciencia ente la injusticia y nos inspira a considerar qué acciones positivas podemos emprender para corregir los errores.

Quizá Dina haya sido invisible, vulnerable y carente de voz, pero con la ayuda de Dios, nosotras no tenemos que serlo.

LA ADIVINA DE ENDOR:
Instrumento improbable

Por eso Saúl les ordenó a sus oficiales:
—Búsquenme a una adivina, para que yo vaya a consultarla.
1 SAMUEL 28.7 NVI

Saúl estaba a punto de librar una batalla con los filisteos y necesitaba ayuda. Preguntó al Señor cómo irían las cosas, pero el Señor no le respondió. Desesperado, Saúl pidió hablar con una adivina.

El rey llegó a la casa de la adivina de Endor disfrazado. La mujer no quiso acceder a su petición. Ella dijo que ayudarlo la llevaría a la muerte, porque Saúl había acabado con los adivinos. Saúl insistió en que no le pasaría nada. Al final, accedió a su petición. Por desgracia para Saúl, las noticias que le dio la mujer no fueron buenas. Al ver su angustia, esta mujer animó a Saúl a quedarse y comer algo antes de salir de su casa.

¿No te extraña un poco que Dios haya elegido obrar a través de esta espiritista cuyas creencias eran tan contrarias a su ley? ¿Por qué la elegiría, sabiendo cómo era ella? Cuando llegamos a pasajes tan desconcertantes, es bueno recordar este versículo: «Mis pensamientos no se parecen en nada a sus pensamientos—dice el SEÑOR—. Y mis caminos están muy por encima de lo que pudieran imaginarse» (Isaías 55.8 NTV).

Dios puede usar a las personas más inverosímiles para llevar a cabo sus planes. Esta es una gran noticia para nosotras porque significa que, a pesar de todas nuestras imperfecciones y errores, Dios sigue queriendo que participemos en sus planes.

¿No es increíble?

DÉBORA, LA JUEZA:
¿Cuál es tu canción?

Aquel día Débora y Barac hijo de Abinoán entonaron este canto:
«Cuando los príncipes de Israel toman el mando, cuando el
pueblo se ofrece voluntariamente, ¡bendito sea el SEÑOR! ¡Oigan,
reyes! ¡Escuchen, gobernantes! Yo cantaré, cantaré al SEÑOR;
tocaré música al SEÑOR, el Dios de Israel».

JUECES 5.1–3 NVI

Cuando Israel obtuvo la victoria sobre Jabín, rey de Canaán, la juez y el comandante de los israelitas sabían de dónde venía el éxito. El pueblo ganó la batalla por su voluntad de buscar la liberación de Dios y de seguir su guía, y no por la calidad de las armas que los soldados israelitas empuñaban ni por la sabiduría de sus generales. En consecuencia, tras la destrucción de Jabín y la liberación de su pueblo, tanto la jueza Débora como el comandante Barak cantaron alabanzas en público a Aquel que los había llevado a la victoria. Juntos volvieron a contar la historia de Jueces 4 en forma de canción y alabaron a Jael, que acabó con la vida del general cananeo Sísara. Aunque cantaron sobre su parte en la victoria, Débora y Barac hicieron aún más evidente que Dios obtuvo la verdadera gloria.

Cuando oramos y Dios responde con algo bueno en nuestras vidas, ¿nos atribuimos inmediatamente el mérito? ¿O entendemos quién estaba realmente detrás de lo que acabamos de recibir o de la superación de algún obstáculo? Cuando reconozcamos cómo su mano obra en nosotras, ¿escucharán los demás que alabamos al Señor como artífice de los hechos? ¿O, por el contrario, cantaremos alabanzas a nosotras mismas?

SAFIRA:
Socia en el delito

*En complicidad con su esposa Safira, se quedó con parte
del dinero y puso el resto a disposición de los apóstoles.*
HECHOS 5.2 NVI

«Ananías y Safira». Sus nombres siempre se mencionan juntos, como «Bonnie y Clyde» Recordamos a ambas parejas por
sus delitos y por cómo murieron.

¿Por qué Dios dio muerte a Ananías y Safira tras mentir
sobre la cantidad de dinero que recibieron por la propiedad
que vendieron? No lo sabemos. Lo que está claro es que
tanto el marido como la esposa tuvieron que rendir cuentas.
Safira conocía los detalles de la transacción, pero se quedó
en casa mientras Ananías presentaba su ofrenda. Tres horas
después, llegó a la asamblea. Quizá esperaba una bienvenida agradecida. En lugar de eso, no vio ninguna señal de su
marido. Antes de que pudiera preguntarse por qué, Pedro le
hizo una sola pregunta: «¿Esta es la cantidad de dinero que
recibieron?».

Con confianza, dio una respuesta bien ensayada: «Sí».
Murió de la misma manera que su marido.

Safira tenía elección. Podría haber protestado cuando
Ananías vendió la propiedad. Podría haberle rogado que diera
todo el dinero a la iglesia, en lugar de quedarse una parte.
Podría haberse negado a mentir al respecto. Cuando Pedro le
preguntó directamente, ella pudo haber dicho la verdad. En
cambio, cometió los mismos pecados que su marido.

En Cristo, «no hay varón ni mujer» (Gálatas 3.28). No
podemos decir: «Yo solo cumplía órdenes». La elección es
nuestra.

JEZABEL:
No quedó nada

De hecho, el cadáver de Jezabel será como
estiércol en el campo de Jezrel, y nadie podrá
identificarla ni decir: «Esta era Jezabel».

2 Reyes 9.37 nvi

En vida, Jezabel se hacía notar. Su reputación, basada en su traición y su perversa influencia, era bien conocida e inducía al miedo. Por ejemplo, cuando Jezabel lo amenazó, el siervo de Dios, Elías, huyó, se escondió y pensó en abandonar su ministerio y hasta la vida.

Tras la brutal muerte de ella, no quedó vestigio de su presencia. Quedaron pocas pruebas físicas que indicaran que Jezabel había vivido. La arrojaron al suelo y los caballos la pisotearon, dejando solo partes de su cuerpo para enterrar o marcar. Su rabiosa presencia quedó extinguida.

Los seres humanos demuestran su respeto por la vida de una persona cuidando sus restos y hablando de sus actos destacables. El castigo de Jezabel, además de su brutal muerte, fue que no habría forma de hacer nada con sus restos.

El final de Jezabel nos puede llevar a considerar la huella que dejaremos en este mundo. ¿Queremos dejar riqueza? ¿Una gran reputación? ¿Más que eso?

Puesto que buscamos vivir una vida con significado eterno, una vida en la que Dios se fije, «[busquemos] las cosas de arriba, donde está Cristo sentado a la derecha de Dios» (Colosenses 3.1 nvi).

Vivir la vida teniendo a la vista su fin físico puede ayudarnos a priorizar nuestros valores y a centrarnos en las cosas que importan.

NOEMÍ:
¿El vaso vacío?

Si por la noche hay llanto,
por la mañana habrá gritos de alegría.
SALMOS 30.5 NVI

«¡La mano del Señor se ha levantado contra mí!», se lamentó Noemí.

Tal vez creyó que Dios estaba castigando a su familia por haberse mudado de Israel a Moab, cuyo pueblo influía continuamente en el suyo para hacerlo seguir a otros dioses. El marido de Noemí, Elimélec, murió. Sus hijos, Majlón y Quilión, se casaron con mujeres moabitas, Rut y Orfa, pero murieron sin hijos. Como en aquella época eran los hombres los que aportaban seguridad para la mujer, la afligida Noemí no podía imaginar nada peor. ¿La había abandonado Dios porque sus hijos tomaron esposas paganas?

La brújula interior de Noemí le señalaba el regreso a Israel. Le dijo a sus nueras que regresaran con sus padres. «Que el SEÑOR las trate a ustedes con el mismo amor y lealtad que ustedes han mostrado con los que murieron y conmigo» (Rut 1.8 NVI).

Rut y Orfa querían acompañar a Noemí, pero ella creía que su única esperanza era encontrar nuevos maridos. A regañadientes, Orfa se despidió de Noemí, pero Rut no quiso: «Tu pueblo será mi pueblo, y tu Dios será mi Dios» (Rut 1.16 NVI).

Cansada, Noemí cedió. Cuando llegaron a Belén, les dijo a sus amigas que el Señor le había traído grandes desgracias. El dolor le impedía ver su provisión en el amor de Rut. En la mente de Noemí, su vaso estaba no solo medio vacío. La muerte lo había vaciado hasta el fondo.

Como Noemí, podemos dudar del amor de Dios. Pero él planeó bendiciones especiales para ella. Y Dios está dispuesto a llenar también nuestros vasos.

¿QUÉ SIGNIFICA EL
NOMBRE DE ESA MUJER?

Al igual que hoy, algunos nombres bíblicos tenían su significado. Estos son algunos de esos significados, incluidos los nombres de algunas mujeres de este libro.

ORFA: Melena

PENINA: Una perla, redonda

RAJAB: Orgullosa

RAQUEL: Cordera

REBECA: Cadenas de belleza

REUMÁ: Elevada

RIZPA: Piedra caliente

LA MUJER SIROFENICIA:
Humildad ante Dios

Y he aquí una mujer cananea que había salido de aquella
región clamaba, diciéndole: ¡Señor, Hijo de David, ten
misericordia de mí! Mi hija es gravemente atormentada
por un demonio. Pero Jesús no le respondió palabra.
MATEO 15.22–23 RVR1960

La mujer cananea tenía un problema: su hija estaba poseída por un demonio, que la torturaba sin piedad. En su búsqueda de sanidad para su hija, llegó a los pies de Jesús.

Qué valor tuvo para acercarse a Jesús como lo hizo. Al principio, Jesús no respondió a las súplicas de ayuda de la mujer. Su silencio no la disuadió. Siguió pidiendo hasta que al final los discípulos, cansados de sus ruegos, le pidieron a Jesús que la despidiera.

Jesús no respondió con un sí inmediato. Es aquí donde apreciamos otra cualidad de esta mujer, la humildad. Ella veía su «lugar» en el mundo, y no estaba amargada por ello. Pedro nos dice: «Humillaos, pues, bajo la poderosa mano de Dios, para que él os exalte cuando fuere tiempo» (1 Pedro 5.6 RVR1960).

¿Cómo venimos a Dios? ¿Con el corazón engreído? ¿Con la sensación de que tenemos derecho a algo? O tal vez venimos con miedo incluso de exponerle nuestras peticiones.

Nunca debemos dejar que el miedo nos impida buscar a Dios. Ser atrevida está bien, siempre que sea sobre unas rodillas dobladas.

ELISEBA:
Pedigrí familiar y problemas

Aarón se casó con Eliseba, hija de Aminadab
y hermana de Naasón. Ella dio a luz a sus
hijos Nadab, Abiú, Eleazar e Itamar.
Éxodo 6.23 NTV

Aarón y Eliseba tuvieron cuatro hijos. Qué gran comienzo de vida, ser criados por el portavoz de Moisés y sumo sacerdote de los israelitas. Aunque por derecho de nacimiento podían servir como sacerdotes, el haber nacido en una buena familia no ofrecía ninguna garantía contra las malas decisiones y los desengaños.

En Levítico 10 leemos que dos de sus hijos, Nadab y Abiú, hicieron ofrendas a Dios de una manera incorrecta. Murieron por su desobediencia.

Los dos hijos restantes, Eleazar e Itamar, siguieron a Dios y ciertamente hicieron sentir orgullosos a sus padres. Ambos sirvieron como sacerdotes y, cuando Aarón murió, Eleazar asumió el sumo sacerdocio en su lugar. Eliseba y el otro hijo de Aarón, Itamar, asumieron el mando sobre todos los levitas.

No sabemos mucho de Eliseba y apenas nos fijamos en el papel que desempeñó. Eliseba se enfrentó tanto al triunfo como a la angustia. Sin embargo, podemos imaginar que se esforzó con su marido en hacer todo lo posible para criar hijos que sirvieran a Dios. Su vida honró a Dios de una manera muy discreta, entre bastidores, pero tuvo un impacto en el futuro.

Incluso en nuestros momentos de dolor, somos llamadas a obedecer a Dios. Nosotras también podemos servir a Dios con actos de bondad privados, desapercibidos al público. Al igual que Eliseba, nuestras pequeñas acciones tienen un gran peso para cambiar el mundo.

REBECA:
La fuerza llevada al extremo

*De inmediato vació su cántaro en el bebedero, y volvió
corriendo al pozo para buscar más agua, repitiendo la acción
hasta que hubo suficiente agua para todos los camellos.*
GÉNESIS 24.20 NVI

El siervo de Abraham, Eliezer, oró por una esposa para el
heredero de su señor. Sus oraciones fueron respondidas
cuando Rebeca llegó al pozo. Un camello puede beber más de
600 litros de agua al día. Incluso con un cubo de 5 litros en
cada mano, se necesitan 60 viajes del pozo al abrevadero para
cada camello. Completó el trabajo agotador, que le provocaría
ampollas y le tomaría todo el día, completamente sola.

Años después, bajo su piel gruesa y curtida, la inclinación
de Rebeca a tomar medidas extremas no había cambiado. El
futuro de su hijo favorito —por no decir que era el que Dios
había elegido— estaba en peligro. Rebeca urdió un plan más
audaz que el de abrevar a muchos camellos. Le pone al tranquilo Jacob las ropas de su hermano Esaú y le ata pieles de
animales en brazos y piernas. Engaña a su padre ciego para
que le dé la bendición que Isaac pensaba darle a Esaú.

Para Eliezer, Rebeca demostraba tener el punto fuerte de
llegar hasta el extremo. Al bendecir a un extranjero, se convirtió en una de las matriarcas de Israel.

Pero los puntos fuertes, cuando se invierten, se convierten
en debilidades. Cuando la posición de Jacob como favorito de
Rebeca y elegido de Dios se vio amenazada, su elección rompió la familia. No volvió a ver a Jacob.

Como ella, podemos llevar nuestros puntos fuertes al
límite. Pidamos a Dios que nos mantenga en equilibrio.

DALILA:
La reina de la disfunción

Entonces Dalila, haciendo pucheros, le dijo: «¿Cómo
puedes decirme "te amo" si no me confías tus
secretos? ¡Ya te has burlado de mí tres veces y aún
no me has dicho lo que te hace tan fuerte!».

JUECES 16.15 NTV

Dalila era la reina de las relaciones sexuales disfuncionales,
como demuestra su relación con Sansón. Decepcionada tres
veces en su intento de descubrir el secreto de la fuerza de su
amante, cambió las tornas y culpó a Sansón de todo. En la
trampa de sus acusaciones, el forzudo ni siquiera se preocupó
de que ella pudiera causarle daño. Esta tentadora debía de
tener al fortachón judío bien atrapado en su red.

No hay nada en la relación de esta pareja que parezca salu-
dable. Está llena de egoísmo, manipulación, lujuria y codicia,
y todas esas cosas los llevaron directamente al desastre.

Dios no quiere que suframos relaciones tan tortuosas
como la de Sansón y Dalila, así que nos da mejores formas de
relacionarnos con los demás. A medida que nos acercamos
a él y obedecemos su Palabra, mejora nuestra capacidad de
resistencia al pecado, crece nuestro amor por los demás y por
nuestro Señor, y disminuyen nuestros niveles de disfunción.
Aunque no sean perfectas, comenzamos a tener el tipo de
relaciones que él diseñó para los seres humanos, para su dis-
frute y buen desarrollo.

Hoy en día, ¿seguimos la guía de relaciones del Señor? Él
tiene mucho que ofrecer. Todo está en su Palabra.

MARÍA MAGDALENA:
Una mujer libre

Después de que Jesús resucitó el domingo
por la mañana temprano, la primera persona
que lo vio fue María Magdalena, la mujer
de quien él había expulsado siete demonios.
MARCOS 16.9 NTV

Jesús viene a nuestro encuentro en nuestro punto de mayor necesidad, como lo demuestra la experiencia de María Magdalena. Jesús vino a María cuando su vida estaba rota, y la libró de siete demonios, lo que cambió su vida. Entonces Dios utilizó su vida para cumplir las promesas que había mencionado una y otra vez a lo largo de la historia; ella se convirtió en la prueba viviente del poder de Jesús para cambiar vidas. Por medio de ella, la gente pudo ver que Dios cumplía la profecía de Isaías: «Dejen en libertad a los oprimidos y suelten las cadenas que atan a la gente» (Isaías 58.6 NTV).

Jesús había quitado las cadenas espirituales de María Magdalena, y ella respondió con amor, devoción y servicio. Incluso en su dolor y en su esperanza truncada, tras la muerte de Jesús, se levantó antes del amanecer del domingo siguiente a la crucifixión y fue a su tumba. Pensaba ungir el cuerpo de Jesús con especias como un acto de devoción y amor; no esperaba su resurrección.

Pero la historia no termina ahí. Jesús vino a María en su abrumador dolor y le permitió ser la primera persona en vislumbrar, por medio de la resurrección, su victoria sobre la muerte, para difundir el mensaje de gozo y victoria: «¡Gracias a Dios por medio de Jesucristo nuestro Señor!» (Romanos 7.25 NVI).

Jesús cumplió esa promesa no solo en la vida de María; está dispuesto a cumplirla en todas nosotras.

ZILPÁ:
Atrapada en medio

Lea, al ver que ya no podía tener hijos, tomó a su criada Zilpá y se la entregó a Jacob por mujer.
GÉNESIS 30.9 NVI

Las dos hermanas, Raquel y Lea, querían al mismo hombre, Jacob. Él amaba a Raquel y la eligió para casarse. Lea se había convertido en su esposa mediante un truco. Atrapada en medio de esta rivalidad entre hermanas estaba Zilpá.

Zilpá era la sierva de Lea y, como tal, tenía poco que decir en cómo iba a desarrollarse su vida. La competencia entre Raquel y Lea para darle hijos a Jacob era tan feroz que Lea le entregó a Zilpá a Jacob. Zilpá se convertiría en su esposa y le daría hijos, a los cuales ni siquiera podría ponerles nombre. ¿Habría hablado Lea amablemente con Zilpá y la había preparado para este rol que estaba a punto de asumir? ¿O manejaba a Zilpá como una simple propiedad, sin tener en cuenta sus sentimientos?

Nosotras también podemos encontrarnos en medio de un conflicto ajeno. O tal vez tengamos un rol sin quererlo, vistas como meros medios para un fin. Cuando estés así, recuerda que, aunque los motivos de las personas con nosotras pueden ser egoístas, los de Dios nunca lo son.

Como dijo José a sus hermanos: «Ustedes pensaron hacerme mal, pero Dios transformó ese mal en bien para lograr lo que hoy estamos viendo» (Génesis 50.20 NVI).

Estar atrapada en medio no es nada cómodo, pero con Dios a nuestro lado, no estamos solas.

MARÍA DE BETANIA:
Fielmente olvidadiza

*«Ama al Señor tu Dios con todo tu corazón, con todo
tu ser y con toda tu mente» —le respondió Jesús.*
MATEO 22.37 NVI

María volvió a asomarse a la ventana. Aunque estaba muy
cerca de Jerusalén, donde los líderes religiosos procuraban
matarle, Jesús regresó a Betania. ¿Lo conseguirán? María
se estremeció y se concentró en la alegría de ver a Jesús.
Ansiaba volver a sentarse a sus pies, escuchar y aprender.
Esta vez, no pensó que a Marta le pareciera mal.

Cuando llegó con su grupo, Jesús parecía delgado y can-
sado. María decidió hacer algo para reafirmarle su amor.

Prepararon una cena en honor de Jesús. No estaban invi-
tadas las mujeres. Sin embargo, tomando un refinado frasco
de perfume de alabastro, María respiró hondo y entró.

La conversación se detuvo. Los rostros barbudos se mira-
ron entre sí, pero María fijó su mirada en Jesús mientras
pasaba entre los comensales recostados. Rompió el frasco y
derramó el perfume sobre su cabeza y sus pies. Su fragancia
saturó la sala.

Judas la criticó: «Podía haberse vendido por más de tres-
cientos denarios, y haberse dado a los pobres!».

Hubo un murmullo de airado asentimiento, que se convirtió en un rugido cuando María se quitó el velo y limpió los
pies de Jesús con sus cabellos.

«Déjenla en paz».

Solo tres palabras. Pero sofocaron la tormenta de críticas.

Jesús declaró: «Ella ha hecho una obra hermosa conmigo»
(Marcos 14.6 NVI).

Él recibió su adoración. María se olvidó de todo y de todos,
incluida ella misma. Solo veía a Jesús.

Oh, que nosotras también podamos olvidar como ella.

LA SULAMITA:
Amor ardiente

---

*Grábame como un sello sobre tu corazón [...]. Fuerte es el amor,
como la muerte [...]. Como llama divina es el fuego ardiente
del amor. Ni las muchas aguas pueden apagarlo, ni los ríos
pueden extinguirlo. Si alguien ofreciera todas sus riquezas
a cambio del amor, solo conseguiría el desprecio.*

CANTAR DE LOS CANTARES 8.6–7 NVI

El amor es algo ardiente. Quizá June Carter Cash pensaba
en las palabras de Salomón cuando escribió su popularísima
canción «Ring of Fire» (anillo de fuego). Desde luego, ella
conocía esa verdad, dado su caótico romance de toda la vida
con Johnny Cash.

El Cantar de los Cantares describe el amor con palabras
similares. Si tomamos el texto al pie de la letra y no como una
alegoría de Cristo y la iglesia, leemos una apasionada historia
de amor. La sulamita le pidió a Salomón que la pusiera como
un sello en su corazón. Su amor ardía con tanta fuerza que ni
el mejor equipo de extinción de incendios pudiera apagarlo.

Su respuesta lírica suena como la de una adolescente enamorada. Por desgracia, Salomón no se comprometía con ninguna mujer por mucho tiempo, pues tuvo trescientas esposas
y setecientas concubinas. La riqueza de su corazón y su dote,
entregada con buena disposición, fue finalmente despreciada.

Dios nos ama con esa clase de amor apasionado que es
«fuerte como la muerte» Envió a su propio Hijo a morir y al
tercer día lo llamó a regresar de la tumba.

Dios nos da un amor ardiente para darnos calor, para
armarnos contra el daño, para movernos a la acción. No hay
nada en toda la creación que pueda separarnos de ese amor.
Refugiémonos en su anillo de fuego.

LA MUJER NECIA:
No destruyas, construye

La mujer sabia edifica su casa;
la necia, con sus manos la destruye.
PROVERBIOS 14.1 NVI

Proverbios puede ser una lectura difícil. Este libro lleno de sabiduría también nos da advertencias incómodas y desafiantes. Es fácil pasar por alto estos versículos, ignorarlos o fingir que no se aplican a nosotras. Pero, si somos sinceras, las lecciones de Proverbios nos corrigen y nos guían todavía hoy.

¿Cómo estamos construyendo nuestros hogares y nuestras vidas?

Este versículo nos advierte que la mujer insensata destruye su hogar con sus propias manos. Ella sola sabotea todo lo bueno que ha construido y derrumba las cosas que valora.

Aunque es una realidad difícil de aceptar, la mayoría de nuestros problemas vienen de nuestro interior, y no son causados por otros. Nos resulta mucho más fácil culpar a la sociedad, a nuestra familia y a nuestras circunstancias.

Así que nos rendimos, diciendo que no podemos cambiar o que nunca cambiaremos. La verdad es que derribamos el hogar de nuestros corazones en nuestras propias manos.

Pero nuestras propias manos también pueden juntarse en oración. Podemos entregar nuestras necedades a Dios, que nos ayudará a construir un nuevo hogar. Podemos restaurar nuestros corazones para que sean un lugar de fuerza, comprensión y amor.

Vaciemos hoy nuestras manos de todas nuestras insensateces y pidamos al Dios de la sabiduría que nos ayude a construir, no a derribar.

BETSABÉ:
Una cuestión de influencia

Natán le preguntó a Betsabé [...]. «¿Ya sabes que Adonías
[...] se ha proclamado rey a espaldas de nuestro señor
David? Pues, si quieres salvar tu vida y la de tu hijo
Salomón, déjame darte un consejo: Ve a presentarte
ante el rey David [...]. Mientras tú estés allí, hablando
con el rey, yo entraré para confirmar tus palabras».

1 Reyes 1.11–14 nvi

Betsabé vivía en un mundo político lleno de hombres poderosos. Pero cuando el profeta Natán vio un peligro para la
sucesión de Israel, ignoró a los hombres y acudió a ella. El
sabio profeta conocía la influencia que ella tenía sobre David,
y obviamente se compadecía de ella y de su hijo. Después
de aconsejarle sobre lo que debía decir, Natán respaldó a la
esposa de David.

Betsabé fue a ver al rey, le recordó que le había prometido
el trono a Salomón y le dijo que su hijo Adonías lo había usur-
pado. Entonces entró Natán y puso al rey enfermo al corriente
de las últimas noticias sobre las acciones de Adonías. David
creyó inmediatamente su relato y apoyó a Salomón como
heredero del reino.

Aunque Betsabé tenía una poderosa influencia y había
formado parte de la corte por muchos años, no se dejó llevar
por el orgullo y aceptó el consejo de un hombre de Dios que
procuraba lo que era mejor para ella. ¿Podemos imitarla en
esto? ¿O nuestro orgullo nos impedirá escuchar la palabra de
Dios para nosotras?

¿QUÉ SIGNIFICA EL NOMBRE DE ESA MUJER?

Al igual que hoy, algunos nombres bíblicos tenían su significado. Estos son algunos de esos significados, incluidos los nombres de algunas mujeres de este libro.

RODE: Rosa

RUT: Amiga

SAFIRA: Zafiro

SARA: Mujer noble

SARAI: Que controla

SARVIA: Herida

SÉFORA: Pájaro

SELOMIT: Tranquilidad

MAALA, NOA, HOGLA, MILCA Y TIRSA:
Mención deseable

Y Zelofehad hijo de Hefer no tuvo hijos sino
hijas; y los nombres de las hijas de Zelofehad
fueron Maala, Noa, Hogla, Milca y Tirsa.
NÚMEROS 26.33 RVR1960

En los tiempos del Antiguo Testamento, las mujeres no gozaban de la misma posición social que los hombres. Normalmente en las genealogías bíblicas solo se registraban los nombres de los varones, pero en este censo de los israelitas se mencionan las cinco hijas de Zelofehad: Maala, Noa, Hogla, Milca y Tirsa.

Esto se debe probablemente al hecho de que Zelofehad no tenía hijos varones, pero también a que en el reino de Dios las mujeres tienen valor. La Biblia deja claro que, sea cual sea el sexo de una persona, los términos de su valor espiritual esencial son los mismos. Nuestro valor está en que somos hijos e hijas de Dios. Como nos recuerda Juan en 1 Juan 3.1 (NTV), «Miren con cuánto amor nos ama nuestro Padre que nos llama sus hijos, ¡y eso es lo que somos!». Según Gálatas 3.26–29, como creyentes, todos somos iguales ante Dios y recibimos su herencia.

Porque, como hijos de Dios, tenemos valor, seamos hombres o mujeres, él ha escrito nuestros nombres en un documento eterno que se menciona en Apocalipsis 21.27 (NTV). Juan describe el reino eterno de Dios y dice: «No se permitirá la entrada a ninguna cosa mala ni tampoco a nadie que practique la idolatría y el engaño. Solo podrán entrar los que tengan su nombre escrito en el libro de la vida del Cordero».

SIBIA:
Una historia transmitida a otros

En el año séptimo del reinado de Jehú, Joás
comenzó a reinar, y reinó en Jerusalén cuarenta
años. Su madre era Sibia, oriunda de Berseba.

2 Reyes 12.1 nvi

Imagina ser la madre de un rey. ¿Qué tipo de influencia tuvo Sibia sobre su hijo? Parece que fue positiva, dado que las acciones de Joás, en los cuarenta años de su reinado, agradaron a Dios. ¿Cómo pudo llegar a tener una sabiduría e instrucciones tan firmes? Tal vez se deba a su lugar de procedencia.

Berseba se menciona más de treinta veces en la Biblia. Por Berseba caminaron «gigantes» bíblicos como Jacob, Isaac y Abraham, que dieron su nombre a esta región y la convirtieron en un lugar de culto: «Luego Abraham plantó un tamarisco en Beerseba, y allí adoró al Señor, Dios Eterno» (Génesis 21.33 ntv).

Siendo de Berseba, Sibia probablemente escuchó historias de estos hombres y de su fidelidad. Tal vez se las transmitió a su hijo, lo que permitió que otra generación escuchara sobre la misericordia y la gracia de Dios.

Compartir lo que Dios ha hecho en nuestras vidas debería ser un honor. Sin embargo, con demasiada frecuencia dejamos que el miedo o la timidez o la idea de que a nadie le importa nos retengan. Debemos esforzarnos por luchar contra nuestros miedos y dudas, porque la historia de la gracia de Dios en nuestra vida puede ser justo lo que alguien que sufra necesita escuchar.

¿Será tu historia la que se transmita de generación en generación, e influirá en otras personas?

Podría ser así si estás dispuesta a compartirla.

MARÍA, MADRE DE JESÚS:
Las chicas grandes también lloran

Dichosos los que lloran,
porque serán consolados.

MATEO 5.4 NVI

Un sombrío desfile atravesaba Jerusalén. Los soldados romanos apartaban a los espectadores. Los prisioneros condenados, excepto el torturado y ensangrentado Jesús, cargaban cruces para su ejecución. Las multitudes los seguían, incluidas las mujeres que gritaban y lloraban ante su condena.

¿Las guiaba María, su madre? ¿O se unió a ellas cuando se enteró de la horrible noticia? La Biblia solo nos dice que ella estuvo cerca de la cruz, junto con familiares y amigos, mientras Jesús se retorcía de dolor. Seguramente lloró más que en ningún otro momento de su vida.

Jesús les había dicho a las que lloraban: «Hijas de Jerusalén, no lloren por mí; lloren más bien por ustedes y por sus hijos» (Lucas 23.28 NVI). En la cruz, volvió a centrarse no en sí mismo, sino en el bienestar de María. Jesús, el «varón de dolores» (Isaías 53.3 RVR1960), había llorado cuando murió su querido amigo Lázaro (Juan 11.35). Él comprendía el dolor de María e hizo lo posible para consolarla. Al parecer, los hermanos de Jesús, que antes lo rechazaron a él, habían desatendido a María. A pesar de su agonía, Jesús se aseguró de que Juan, el único de los doce que estaba presente, se ocupara de ella.

La madre de Jesús no fue uno de los primeros testigos de su resurrección, de esa increíble demostración de su poder que consuela a todos los dolientes. Pero Hechos 1.14 afirma que María —y los hermanos de Jesús— estaba presente en Pentecostés. Allí recibió la seguridad definitiva, cuando el Consolador los bautizó a todos.

RUT:
La verdad sobre la belleza

Mira, haz lo que te digo. Báñate, perfúmate y vístete con tu
ropa más linda. Después baja al campo de trillar, pero no
dejes que Booz te vea hasta que termine de comer y de beber.

RUT 3.3 NTV

El consejo de Noemí a Rut el día de la celebración de la cosecha nos recuerda a la preparación de un baile de graduación.
Toma un baño y ponte un toque de perfume. Vístete con tu
mejor vestido y maquíllate bien. El resto de los consejos de
Noemí rayan en lo escandaloso: esperar a que Booz esté lleno,
ebrio y listo para dormir. Duerme a sus pies, lo que le mos-
trará tu voluntad de ser su esposa.

En los últimos años, la industria de los concursos de
belleza ha captado la atención del público. Cuando las niñas
llegan a la adolescencia, para ganar necesitan algo más que
la belleza física. Para ganar, una joven debe mostrar aplomo,
personalidad, talento e inteligencia.

Booz ya había visto la belleza interior de Rut. Su duro
trabajo y su preocupación por Noemí fueron lo primero que
llamó su atención. Su recato y cuidado entre los extraños
le hicieron sentir el impulso de protegerla. Ahora llegaba el
momento de cuidar más su aspecto, para que Booz volteara su
cabeza al verla y se convenciera, de una vez por todas, de que
la quería como esposa.

Dios dice a menudo que él mira nuestros corazones, no
nuestra apariencia. Pero hay pasajes, como este de Rut y más
adelante el de Ester, donde se celebra la belleza de una mujer.
Dios nos hizo bellas, por dentro y por fuera.

MAACA:
El buen plan de Dios

Y en Gabaón vivía el padre de Gabaón, Jehiel,
cuya esposa se llamaba Maaca.

1 Crónicas 9.35 s.d

Maaca figura en el árbol genealógico de Saúl, a quien el profeta Samuel ungió como rey. Mientras criaba a sus hijos y nietos, Maaca no tenía ni idea de que uno de sus nietos sería ungido rey en Israel.

Del mismo modo, no conocemos los planes que Dios tiene para nosotras. No sabemos el papel que desempeñaremos en la construcción de su reino, pero podemos confiar en el buen plan de Dios. Como dice Jeremías 29.11 (NVI), Dios tiene un futuro fabuloso para nosotras. «Porque yo sé muy bien los planes que tengo para ustedes —afirma el Señor—, planes de bienestar y no de calamidad, a fin de darles un futuro y una esperanza».

Nuestra responsabilidad es confiar en Dios y obedecerle. No hacerlo puede hacer que los buenos planes de Dios se detengan. Por desgracia, el nieto de Maaca, Saúl, no fue rey por mucho tiempo porque no buscó a Dios.

Cuando pensemos en las tareas importantes de nuestra vida y de nuestro futuro, asegurémonos de seguir un sólido consejo bíblico: «Y tú, Salomón, hijo mío, reconoce al Dios de tu padre, y sírvele de todo corazón y con buena disposición, pues el Señor escudriña todo corazón y discierne todo pensamiento. Si lo buscas, te permitirá que lo encuentres» (1 Crónicas 28.9 NVI).

BERENICE:
Un muro

*Al día siguiente Agripa y Berenice se presentaron
con gran pompa, y entraron en la sala de la audiencia
acompañados por oficiales de alto rango y por las
personalidades más distinguidas de la ciudad. Festo
mandó que le trajeran a Pablo [...]. Pablo hizo un
ademán con la mano y comenzó así su defensa.*
HECHOS 25.23; 26.1 NVI

Berenice, una de las chicas malas de la Biblia, tenía una amplia historial sexual. Se casó tres veces; pero entre dos de esos matrimonios y después del último, los historiadores sospechan que tuvo una relación ilícita con su hermano, Agripa, con quien aparece aquí en la sala de audiencias de Festo mientras el gobernador de Judea y su hermano intentaban resolver el caso de Pablo.

Aunque ella no tenía nada que ver en la decisión del caso, Berenice escuchó la defensa de Pablo contra las acusaciones de los líderes judíos. Su defensa incluía el testimonio de su conversión.

Aunque el apóstol habló a los tres que oían, su testimonio no detuvo el pecado de Berenice. En todo caso, sus proezas sexuales aumentaron después. A veces no hay palabras piadosas que hagan mella en el corazón endurecido.

Es muy probable que en algún momento conozcamos a mujeres con una historia similar, y tal vez no respondan a las buenas noticias que les damos. Sin embargo, al igual que Pablo dio testimonio ante Berenice y se topó con un muro, pero no dejó que eso le impidiera compartir el mensaje del evangelio, nosotras tampoco deberíamos callar. Nunca sabemos qué corazón que parece duro se abrirá al escuchar la Palabra de Dios.

AGAR:
Considerar las preguntas de Dios

El ángel le dijo:
—Agar, sierva de Sarai, ¿de dónde vienes y hacia dónde vas?
GÉNESIS 16.8 NTV

Agar estaba perdida y confundida. Huía de su ama, Sara. Escapó al desierto. En la sequedad de esta tierra desconocida, Dios envió un ángel, no para reprenderla por huir, sino para hacerle unas preguntas.

¿De dónde vienes?

¿A dónde vas?

Con estas dos sencillas preguntas, Dios aclara los próximos pasos de Agar en su vida. Dios no la abandonó en su momento de necesidad. Él se acercó a Agar, le dio una nueva perspectiva con su guía directa acerca de hacia dónde llevaba su camino.

Dios también viene a nosotras en los momentos en que necesitamos discernimiento. Si nos sentimos perdidas y confundidas, Dios ilumina nuestro camino con su presencia y dirección.

Ahora mismo Dios nos hace esas mismas dos preguntas.

¿De dónde vienes? Revisar nuestras raíces y nuestros recorridos del pasado puede revelar lo que valoramos y puede reafirmarnos sobre la presencia pasada y actual de Dios.

¿A dónde vas? Al pasar tiempo con Dios, redescubrimos los profundos deseos que Dios plantó en nuestro interior, y hablamos con él sobre nuestras esperanzas y sueños.

Las preguntas de Dios no están pensadas para condenarnos, sino para liberarnos de la confusión, la duda y el miedo. Su amor está cerca, esperando que nos detengamos y pasemos algún tiempo con él, buscando dirección en nuestras vidas y considerando sus preguntas.

TAMAR:
La importancia de un santuario

Su hermano Absalón la vio y le preguntó: «¿Es verdad
que Amnón ha estado contigo? Bien, hermanita,
quédate callada por ahora, ya que él es tu hermano. No
te angusties por esto». Así pues, Tamar vivió como una
mujer desconsolada en la casa de su hermano Absalón.

2 SAMUEL 13.20 NTV

La historia de Tamar está hecha del material de las pesadillas.
Como ella, muchas mujeres llevan cicatrices interiores cau-
sadas por traumas abrumadores, por un mal ineludible.

Siendo hija del rey David, Tamar vivía muy protegida. Con
guardias reales y una docena de hermanos, tenía razones para
sentirse segura. Pero su hermano Amnón la agredió. Cuando
él se fue, llegó su caballero de brillante armadura, su hermano
Absalón. Le prometió justicia. Lamentablemente, aunque
parezca mentira, David no intervino.

El hecho de que el agresor de Tamar fuera de su propia
familia multiplicaba el impacto y el dolor. Apenas podemos
imaginar las emociones que la invadieron. Además de la tristeza y la soledad que mencionan las Escrituras, podría haber
sentido vergüenza, ira, impotencia. En lenguaje actual, probablemente sufrió de TEPT, trastorno de estrés postraumático.

Absalón le proporcionó el elemento más importante para
la sanidad: un santuario. En la tranquilidad y soledad de su
casa, con sirvientes para atender sus heridas físicas, comenzó
el camino de la recuperación.

El santuario viene de muchas formas, desde un nuevo
lugar donde vivir hasta contar con consejeros y grupos de
apoyo.

Sea cual sea la dirección que tomemos, el santuario es el
regalo de Dios en el regreso a la plenitud.

MIRIAM:
La profetisa

*Que alaben su nombre con danzas; que le canten salmos
al son de la lira y el pandero. Porque el SEÑOR se complace en
su pueblo; a los humildes concede el honor de la victoria.*
SALMOS 149.3–4 NVI

Por décadas, Miriam había visto a su pueblo, Israel, soportar
la crueldad de los egipcios. La familia y los amigos estaban
a merced de los duros capataces. De joven, Miriam guardó
silencio sobre su hermanito Moisés porque una palabra
imprudente podría causar su muerte. Cuando su madre lo
escondió entre los juncos del Nilo, Miriam se mantuvo vigi-
lante y vio cómo Dios rescataba a Moisés a través de la hija del
faraón.

Ya anciana, Miriam vio cómo Moisés, de ochenta años,
levantaba su vara sobre el mar Rojo por orden de Dios.
Atrapados por el ejército del faraón, miles de hebreos tem-
blaban mientras el mar se dividía ante ellos. Pero se lanzaron
adelante. También Miriam caminó por tierra firme, con toneladas de agua soltando espuma a ambos lados de su camino.
¡Llegaron a la otra orilla! Cuando los carros egipcios intentaron seguirlos, las enormes olas se cayeron sobre ellos.

El pueblo se unió a Miriam y a Moisés en un cántico de
adoración y victoria. Éxodo 15.20–21 (NVI) la llama «Miriam
la profetisa» y cuenta cómo dirigió a sus hermanas en
la celebración: «Canten al SEÑOR, que se ha coronado de
triunfo arrojando al mar caballos y jinetes». Tocando el pandero, Miriam cobró energía y danzó con todas sus fuerzas. Las
otras mujeres las siguieron, dando pasos y vueltas, cantando
de alegría. Miriam, su líder, había sufrido con ellas. Ahora iba
a ayudar a guiarlas a la tierra prometida.

¿Qué canción estamos cantando nosotras?

ADA:
¿Lealtad dividida?

Esaú se casó con mujeres cananeas: con Ada, hija de Elón
el hitita; con Aholibama, hija de Aná y nieta de Zibeón
el heveo; y con Basemat, hija de Ismael
y hermana de Nebayot.

GÉNESIS 36.2–3 NVI

Ada no era hebrea y probablemente no adoraba en principio al Señor; era de origen hitita, un pueblo cuyas raíces estaban en la actual Turquía. Obviamente, parte de su familia se había establecido más al sur del imperio hitita, que solo llegaba hasta el sur de Damasco.

Los hititas adoraban un número exagerado de dioses y sin problema añadían nuevas deidades locales a su panteón. Así que es probable que Ada no hubiera tenido ningún problema en añadir a Yahvé a su culto. Pero la idea de adorar a un solo Dios le habría resultado extraña. Como Esaú no siguió el patrón bíblico original de apegarse a una sola esposa y además solo tomó esposas extranjeras, es posible que no tuviera una relación muy firme con Dios, y que no le molestara que sus esposas mantuvieran los ídolos de sus familias dentro de sus tiendas.

Sea cual fuera el compromiso espiritual de Ada —o su falta de compromiso—, en algún momento se enfrentó a la tentación de adorar ídolos de madera o de piedra en lugar de al Señor.

Es un problema al que todavía nos enfrentamos hoy en día cuando las tentaciones del mundo físico intentan alejarnos de Dios. ¿Lo adoraremos solo a él o trataremos de dividir nuestra lealtad?

La división del corazón es también la división del alma.

¿QUÉ SIGNIFICA EL
NOMBRE DE ESA MUJER?

Al igual que hoy, algunos nombres bíblicos tenían su significado. Estos son algunos de esos significados, incluidos los nombres de algunas mujeres de este libro.

SEMER: Guardiana

SERA: Pariente

SIBIA: Gacela

SIFRÁ: Luminosidad

SIMAT: Anunciación

SIMRIT: Guardia femenina

SÍNTIQUE: Accidente

LA ESPOSA DE LOT:
Una mirada atrás fatal

Pero la esposa de Lot miró hacia atrás, y se
quedó convertida en estatua de sal.

GÉNESIS 19.26 NVI

La esposa de Lot vivía con su familia en la ciudad de Sodoma. El estilo de vida de los sodomitas llegó a ser tan perverso que Dios determinó destruir por completo Sodoma y la ciudad cercana de Gomorra. Sin embargo, en atención a la súplica de Abraham, Dios envió ángeles para sacar a Lot y su familia antes de la destrucción.

La mujer de Lot no quería marcharse y, aunque al final la convencieron, miró hacia atrás. Esa mirada no era de curiosidad, sino de desobediente vacilación. No quería dejar el mal que había conocido en Sodoma. En consecuencia, fue castigada junto con el pueblo de Sodoma.

A menudo, Dios nos ofrece la oportunidad de escapar del mal y seguirle, pero aprovechar esa oportunidad significa dejar un estilo de vida familiar. El pesar, el miedo a seguir adelante, la añoranza de las comodidades que una vez amamos nos tientan a mirar atrás. Sin embargo, cuando Dios llama, debemos abrazarlo a él, sus caminos y el viaje al que nos llama.

Como les dijo Jesús a sus seguidores: «El que pone la mano en el arado y luego mira atrás no es apto para el reino de Dios» (Lucas 9.62 NTV).

Cuando avanzamos con Jesús, podemos estar seguras de que seguimos a Aquel que conoce el camino hacia una vida abundante y satisfactoria.

TAMAR:
El dilema

*Judá los reconoció y declaró: «Su conducta es más
justa que la mía, pues yo no la di por esposa a mi
hijo Selá». Y no volvió a acostarse con ella.*

GÉNESIS 38.26 NVI

Tamar estaba en un aprieto.

Años antes, su padre había arreglado su matrimonio con
el hijo mayor del hebreo Judá. Er dejaba mucho que desear
como hombre. Murió joven, dejándola sin hijos. Conforme a la
costumbre, después se casó con su hermano menor para que
su primogénito diera continuidad al nombre de Er.

Su segundo marido se negó a darle hijos y murió. Judá la
envió a vivir con sus padres hasta que su hijo menor alcanzara
la edad para casarse. Tamar vivió en un limbo por años. El tercer hijo de Judá llegó a la edad de casarse, y su esposa murió.
Tanto el padre como el hijo podrían haber cumplido con el
deber de darle un heredero, pero se negaron.

Cuando ella se enteró de que su suegro tenía negocios
en la ciudad, decidió ocuparse por su cuenta del asunto.
Ocultando su identidad bajo un velo de prostituta, ofreció sus
servicios junto al camino. Judá se acostó con ella. Cuando
quedó embarazada, Judá reconoció su error y le concedió un
lugar en su casa.

Dios puso la línea de descendencia del Mesías pendiendo
de un hilo: de una mujer que arriesgó todo para dar a Judá un
heredero.

Al igual que Judá y Tamar, podemos encontrarnos en
situaciones que exigen métodos poco convencionales.
Cuando la vida nos da limones, pidamos a Dios su receta para
la limonada.

HEPSIBA:
Oraciones respondidas con el tiempo

*Manasés tenía doce años cuando ascendió al trono,
y reinó en Jerusalén cincuenta y cinco
años. Su madre era Hepsiba.*
2 Reyes 21.1 nvi

Hepsiba solo cuenta con una breve mención en la Biblia.
Dio a luz a uno de los peores reyes de Judá. Manasés, su hijo,
fomentó el culto a Baal y descuidó la herencia de sus raíces.
Solo tenía doce años cuando llegó a rey, y gobernó su territorio por cincuenta y cinco años.

Hepsiba se había casado con Ezequías, un rey que «hizo lo
que agrada al Señor». Podemos suponer que criaron a su hijo
en la fe de sus padres. ¿Qué sucedió?

Nos preguntamos si les preocupaban las malas decisiones
de su hijo. ¿Tenían grandes esperanzas y sueños para él? Tal
vez oraban por él.

Probablemente Hepsiba no vivió lo suficiente para ver
los resultados de sus oraciones, pero 2 Crónicas nos dice que
al final de su vida Manasés se deshizo de los falsos dioses y
devolvió a Judá la fe de sus antepasados. Al final regresó a
Dios.

Con el tiempo, sus oraciones fueron atendidas. Dios sí responde a nuestras peticiones, pero a menudo no en el tiempo
que nos gustaría. A nosotras nos corresponde ser fieles.
Nuestra parte es esperar y orar. Estamos llamadas a mirar a
Dios, que vendrá y restaurará a su pueblo para sí una vez más.

Hepsiba persistió en la oración. Manasés abandonó a
Dios, pero Dios no lo abandonó a él. Nuestro llamado es a persistir en la oración, como ella, sabiendo que Dios nunca nos
abandonará.

LA ESPOSA DE PILATO:
Sueños no tan dulces

«¡Qué dolor de cabeza!». La esposa de Pilato, Claudia Prócula, apartó las colchas de seda.

No eran los ecos de la voz de su marido ni de los pasos de los soldados de la fortaleza Antonia los que habían perturbado su sueño. Como gobernador romano de Judea, Pilato a veces manejaba las situaciones difíciles a horas intempestivas.

La despertó la aterradora pesadilla que aún rondaba en su interior. Claudia se estremeció. No podía recordar los detalles, pero en el sueño estaba el famoso rabino, Jesús. Y Pilato.

Afuera crecía el rugido de una turba. Claudia se atragantó con la bebida que había traído su criada. «¿Qué pasa?».

La criada dijo: «Son los líderes religiosos judíos otra vez».

Oh, no. La carrera de Pilato había sobrevivido a duras penas en los anteriores enfrentamientos con ellos. «¿Qué quieren esta vez?».

«Trajeron a Jesús de Nazaret para que sea juzgado».

«¡No!», gritó Claudia. «Llama a Marcus. ¡Ahora!».

El siervo de confianza llevó el mensaje de Claudia a Pilato: «No te metas con ese justo, pues, por causa de él, hoy he sufrido mucho en un sueño» (Mateo 27.19 NVI). Aunque era nieta de César Augusto, Claudia no podía anular la decisión de su marido, pero podía decirle la verdad.

Como ella, nos encontramos en situaciones que escapan a nuestro control. ¿Nuestros esfuerzos podrán cambiar las circunstancias? Los suyos no pudieron, y tal vez nunca sepamos si los nuestros podrán. Pero debemos decir la verdad.

MARÍA, MADRE DE SANTIAGO Y JOSÉ:
Un discípulo valioso

Estaban allí, mirando de lejos, muchas mujeres
que habían seguido a Jesús desde Galilea para servirle.
Entre ellas [...] María la madre de Santiago y José.
Mateo 27.55–56 nvi

Las mujeres, como María, la madre de Santiago y José, tenían un rol importante en el ministerio de Jesús. Jesús, a diferencia de muchos rabinos de su tiempo, valoraba a las mujeres como discípulas y amigas. Les dedicaba tiempo, conversaba con ellas sobre importantes temas espirituales y hablaba de ellas con afecto y respeto.

María fue una de las mujeres que, en una decisión heroica, siguió a Jesús para atender sus necesidades. La Biblia dice que ella estuvo presente mientras él estaba en la cruz agonizando.

Apenas podemos imaginar los sentimientos y las conversaciones que tuvieron María y sus amigos mientras veían morir a Jesús. Ese día su lealtad a su maestro supuso sufrir dolor y posiblemente tener algunas dudas sobre por qué estaba sufriendo en lugar de triunfar. Pero imagínate la alegría que sintieron cuando unos días después se encontraron con su Salvador y amigo resucitado.

A menudo la vida supone sufrir. Pero debemos recordar que el sufrimiento no es el final de la historia. Dios tiene nuestra vida en sus manos y obrará el bien en nuestras dificultades. María lo supo de primera mano y tuvo motivos para estar de acuerdo con Pedro, que dijo: «Así pues, los que sufren según la voluntad de Dios, entréguense a su fiel creador y sigan practicando el bien» (1 Pedro 4.19 nvi).

LA MUJER ENOJADA:
Un estruendo en tus oídos

Es mejor vivir solo en el desierto
que con una esposa que se queja y busca pleitos.
PROVERBIOS 21.19 NTV

El pobre hombre que se casó con esta mujer tal vez sabía que sería todo un reto, incluso antes del día de su boda, pero seguro que nunca esperó escuchar su voz retumbando en sus oídos todo el día, todos los días. Ahora prefiere vivir solo, lejos de todo ser humano, porque está hastiado del ruido.

Aunque no estemos casadas, podemos relacionarnos con otras personas. Nunca es agradable estar rodeada de gente enojada, y haríamos casi lo que fuera por alejarnos de ellos, sobre todo cuando levantan la voz. Hay una razón por la que Dios le dice a su pueblo que no se dejen llevar por la ira, y lo sabemos en cuanto empiezan los gritos. Una respuesta de enojo constante es lo que antes acaba con cualquier tipo de relación. La contienda nunca contribuye al entendimiento, y las quejas nunca resuelven los problemas.

Todas podemos sufrir las imperfecciones de la vida, pero la ira no debe dominarnos, o las quejas y peleas resultantes podrían arruinar nuestra oportunidad de tener una vida feliz. Por otro lado, si una persona confiesa sistemáticamente la ira, entrega sus heridas a Dios y procura vivir para él sin estar siempre quejándose, puede encontrar una gran bendición en esta vida imperfecta que quiere poner en sintonía con su voluntad.

ESTER:
Cada vida es una historia

Y el rey amó a Ester más que a todas las demás jóvenes.
Estaba tan encantado con ella que le puso la corona real
sobre la cabeza y la declaró reina en lugar de Vasti.

ESTER 2.17 NTV

El misterio, el suspenso y la incertidumbre llenan las páginas del libro de Ester.

Alrededor del año 479 a. C., en Persia, una huérfana, Ester, es criada por su primo. Un día, el rey declara un concurso de belleza a nivel nacional. Ester lo gana y se convierte en reina. Pero la nueva reina tiene un secreto que podría poner su vida en peligro, si el rey se enterara.

Al final, su secreto sobre su sangre judía se convierte en una herramienta que Dios usa para salvar no solo a Ester, sino a todo el pueblo judío. Qué historia tan conmovedora de valor, guía e intriga cuenta este libro.

Cada vida es una historia con momentos de incertidumbre y misterio. En momentos de duda, no sabemos qué dirección tomar y buscamos el consejo de personas más sabias. A menudo, cuando miramos hacia atrás, vemos la providencia de Dios. Él ha estado con nosotras todo el tiempo, pero solo mirando en retrospectiva vemos claramente su mano.

Dios, en su gracia, camina a nuestro lado en cada palabra de nuestra historia. Él sigue ahí en los momentos de miedo y duda. Al igual que Ester, estamos agradecidas por encontrar su fuerza, que nos permite afrontar los retos del camino.

Dios ya ha escrito la conclusión de todas las historias de los creyentes, y cada una de ellas tiene un final victorioso lleno de ánimo y júbilo.

TAFAT:
En los negocios de Dios

*Salomón tenía por todo Israel a doce gobernadores,
cada uno de los cuales debía abastecer al rey y a su
corte un mes al año [...]. Ben Abinadab, en Nafot Dor (la
esposa de Ben Abinadab fue Tafat hija de Salomón).*
1 REYES 4.7, 11 NVI

Israel disfrutó de su mayor extensión durante los reinados
de David y Salomón. Salomón amasó grandes riquezas y
construyó tanto el templo como la casa del rey. Una empresa
tan grande requería una gran labor administrativa. El cuarto
capítulo de 1 Reyes comienza describiendo a su equipo, desde
el sumo sacerdote hasta el encargado de los trabajos forzados.

El capítulo continúa con los gobernadores, doce en total,
aunque no representaban a las doce tribus en sí. Además de
sus deberes administrativos, cada gobernador era responsable de proporcionar alimentos a la casa real durante un mes
del año.

Dos yernos de Salomón se convirtieron en gobernadores.
Ben Abinadab estaba casado con Tafat. Gobernaban una
región situada en la tribu de Manasés.

Tafat se casó con un hábil administrador. No sabemos
cuánto influyó ella en su carrera, ya que las mujeres de entonces rara vez se involucraban en los negocios. Pero tal vez,
como hija de un rey, ayudó a mantener en funcionamiento
los engranajes del reino. ¿Organizaba eventos especiales en
los que actuaba como anfitriona? Si es así, su ministerio nos
recuerda al de las mujeres de hoy en día que organizan eventos en la iglesia, cocinan para una multitud, gestionan despensas y llevan comida a quienes no pueden salir de casa.

Como Tafat, busquemos nuestro lugar en el «negocio» de
Dios y trabajemos con otros por el bien de todos.

UNA ESPOSA PRUDENTE:
¿No apreciada?

La casa y las riquezas son herencia de los padres;
Mas de Jehová la mujer prudente.
PROVERBIOS 19.14 RVR1960

El diccionario Merriam-Webster define *la prudencia* como «(1) capacidad de gobierno y disciplina mediante el uso de la razón, (2) sagacidad o astucia en la gestión de los asuntos, (3) habilidad y buen juicio en el uso de los recursos, (4) precaución o circunspección en cuanto al peligro o el riesgo».

¿Cualidades positivas? Seguramente sí. Pero las canciones de amor de más éxito nunca mencionan la prudencia. Pocos solteros y solteras la incluyen en su descripción del compañero ideal.

El rey Salomón, el hombre más sabio de la historia, reconoció que una esposa que ama a su familia y usa el buen juicio y la pericia práctica aporta más que una gran herencia. Es un regalo especial de Dios.

Salomón no limitó esta perspectiva a lo relacionado con las esposas. Instó a todos a ejercer la prudencia en el manejo de los asuntos cotidianos y en el trato con otras personas. El rey la valoraba como una de las bases de su libro: «Proverbios de Salomón hijo de David, rey de Israel: para adquirir sabiduría y disciplina; para discernir palabras de inteligencia; para recibir la corrección que dan la prudencia, la rectitud, la justicia y la equidad» (Proverbios 1.1–3 NVI).

En la cultura actual de los *reality shows*, de postear todo en Facebook, de tuitear tu rabia, el consejo de Salomón sigue vigente, como una guía no solo para las esposas y los matrimonios, sino para toda una sociedad que haría bien en recuperar el significado y el valor de la prudencia.

ANA:
Entregarlo todo al Señor

*Le pedí al Señor que me diera este niño, y él concedió mi
petición. Ahora se lo entrego al Señor, y le pertenecerá
a él toda su vida». Y allí ellos adoraron al Señor.*

1 Samuel 1.27–28 ntv

Ana deseaba desesperadamente tener un hijo. Con el corazón
roto, le rogó a Dios que respondiera a su oración. Como oraba
con tanto ahínco, el sacerdote Elí pensó que estaba ebria.

Ella derramó su angustia y su corazón lleno de dolor a
Dios, levantando sus manos en sumisión a él. Ana se olvidó de
todo y se rindió de lleno.

Al ceder incluso su deseo más profundo a Dios, entregán-
dole todo, encontró paz y propósito. Descubrió que su corazón
rebosaba de alegría, ya no estaba vacío y estéril. Cuando salió
del templo ese día, no tenía la respuesta a su oración, pero sí
tenía fe. Se marchó aferrada a su fe en que su profundo deseo
estaba en manos de Dios.

Dios puede y quiere satisfacer también nuestros deseos
más profundos. Él los planta en nuestro interior, fomenta
su descubrimiento y crecimiento, y espera que acudamos a
él con las manos abiertas, pidiendo su bendición. Cuando lo
entregamos todo al Señor, la vida cambia.

Dios nos invita a llevar nuestros problemas a él. Cuando
renunciamos a lo que pedimos, la oración adquiere poder.
Cuando le entregamos a Dios incluso nuestros sueños más
grandes y nuestros anhelos más intensos, él nos los guarda
con ternura. Su amor y su presencia satisfacen nuestros
deseos y necesidades más profundos.

¿QUÉ SIGNIFICA EL NOMBRE DE ESA MUJER?

Al igual que hoy, algunos nombres bíblicos tenían su significado. Estos son algunos de esos significados, incluidos los nombres de algunas mujeres de este libro.

SÚA: Un grito

SÚAJ: Hondonada

SUSANA: Lirio

TABITA: Gacela

TAFAT: Gota de ungüento

TAMAR: Palmera

TIMNÁ: Sujeción

DÉBORA, LA NODRIZA:
Impacto positivo

Poco tiempo después murió Débora, la mujer que había cuidado a Rebeca desde niña, y fue enterrada bajo el roble que está en el valle de Betel. Desde entonces ese lugar fue llamado Alón-bacut (que significa «roble del llanto»).

GÉNESIS 35.8 NTV

La nodriza de Rebeca, Débora, había estado con ella por mucho tiempo. Cuando Rebeca era niña, Débora habría cuidado de ella. Cuando creció, la familia envió a Débora con la novia a su lejano hogar, en el viaje de Rebeca para casarse con Isaac (Génesis 24.59). Débora habría seguido cumpliendo su papel de nodriza ayudando tiernamente a Rebeca a criar a sus hijos, Esaú y Jacob.

Después de que los niños crecieran y se establecieran, Débora murió, y sus señores se encargaron de su sepultura. Por supuesto, no se limitaron a colocar su cuerpo en la tierra, si tenemos en cuenta el nombre que recibió su lugar de enterramiento. Rebeca debió de amar mucho a su nodriza y lloró amargamente su pérdida. Habían compartido muchos años y experiencias.

No es necesario que una persona tenga un trabajo impresionante o mucho dinero para ser importante en nuestra vida. No hace falta que sea muy conocida en la comunidad. Lo único que tiene que hacer es tener un impacto positivo en nosotras. Eso puede ocurrir tanto si, como Débora, llevan años en nuestra vida como si los conocemos de solo unos días: no hace falta mucho tiempo para que una mano o una voz amables se ganen nuestro corazón.

¿Qué palabras o detalles amables pueden ayudarnos a ganar corazones hoy?

MACÁ:
Destitución de la reina madre

Hasta destituyó a su abuela Macá de su puesto
como reina madre, porque ella se había hecho
una escandalosa imagen de la diosa Aserá.

1 Reyes 15.13 nvi

Macá, la hija de Absalón, se había convertido en la reina madre. Su nieto Asá había accedido al trono y, siguiendo el ejemplo de su tatarabuelo David, implementó muchas reformas en obediencia a los mandamientos de Dios. Sin embargo, Macá se resistió con fuerza a este cambio.

Macá deseaba continuar con el culto al que estaba acostumbrada, e hizo una imagen para celebrar a la diosa Asera, que era la consorte del dios El. La imagen que hizo fue un poste de Asera, que probablemente era una imagen de madera de la diosa. Macá hizo esta imagen abominable probablemente como un intento deliberado de contrarrestar las reformas religiosas que su nieto estaba realizando. Como resultado, Asá depuso a Macá.

El cambio siempre es difícil. Por mucho que anhelemos ser plenamente de Dios, a veces, como Macá, nos encontramos en una posición en la que nos resistimos al cambio y nos aferramos a formas pecaminosas que nos llevan a la destrucción. Podemos pedirle a Dios que nos ayude a abrazar plenamente sus caminos, teniendo en cuenta la advertencia de Hebreos 12.1 (ntv): «Quitémonos todo peso que nos impida correr, especialmente el pecado que tan fácilmente nos hace tropezar. Y corramos con perseverancia la carrera que Dios nos ha puesto por delante».

LA MUJER CON HEMORRAGIA:
¡Cree!

*Justo en ese momento, una mujer quien hacía doce
años que sufría de una hemorragia continua se le acercó
por detrás. Tocó el fleco de la túnica de Jesús porque
pensó: «Si tan solo toco su túnica, quedaré sana».*

MATEO 9.20–21 NTV

Abriéndose paso entre la multitud, la mujer que llevaba años
sufriendo hemorragias buscaba que Jesús la sanara. Su convicción de que Cristo podía hacer que su vida fuera diferente
la empujó a pasar entre la multitud y superar sus miedos. Al
acercarse a Cristo, extendió la mano con fe y se agarró a él. Su
vida quedó transformada.

Cuando Jesús entra en nuestra vida, la cambia. Y sigue
haciéndolo. En Isaías, Dios nos dice que no nos fijemos en
cómo era la vida antes: «Olviden las cosas de antaño; ya no
vivan en el pasado. ¡Voy a hacer algo nuevo! Ya está sucediendo, ¿no se dan cuenta?» (Isaías 43.18–19 NVI).

Sanada de su aflicción, esta mujer pudo comenzar una
nueva etapa en su vida. ¿Qué hizo con este nuevo comienzo?
¿Compartió lo que Jesús había hecho por ella? ¿Encontró
formas de apoyar su ministerio? ¿Animó a otros a que no se
rindieran?

Cuando nos enfrentamos a tiempos difíciles, ¿creemos
que Dios tiene algo en mente para nosotras? ¿Nos acercamos
a Jesús con fe? ¿Extendemos la mano dispuestas a agarrarnos
a él? Confía, extiende tu mano y sé transformada. Sucedió
entonces, sucede ahora.

Créelo.

UNA ESPOSA PENDENCIERA:
Reparaciones matrimoniales para *Dummies*

*Gotera constante en un día lluvioso
es la mujer que siempre pelea.*
PROVERBIOS 27.15 NVI

Tarde o temprano, si una tormenta sacude las ventanas, pone al descubierto los defectos de la casa. El propietario puede encontrarse sacando cubos a altas horas de la madrugada para recoger la lluvia que gotea por el techo. Si no se repara la fuga, la próxima tormenta causará más daños. Si se sigue descuidando, todo el techo puede derrumbarse.

Al igual que una tempestad pone en evidencia un tejado con goteras, las complicaciones delatan los problemas que hay en un matrimonio. Cuando se producen las inevitables dificultades financieras, de salud o relacionales, una puede ser como una gotera criticando a su cónyuge. Si la pareja no se ocupa de ello, puede llegar un nuevo daño que podría destruir la protección que un buen matrimonio da a los esposos y a sus hijos.

Es mucho más sencillo arreglar el problema al principio. Es más, la frase de Benjamín Franklin «una gramo de prevención vale más que un kilo de remedios» se aplica a los matrimonios y a los tejados. Cuidar del matrimonio mediante la oración, animándose y buscando el consejo de los expertos, puede ayudar a mantener una relación fuerte, incluso en medio de las tormentas.

En otro proverbio, el rey Salomón dice: «La mujer sabia edifica su casa; la necia, con sus manos la destruye» (Proverbios 14.1 NVI).

Ninguna esposa puede mantener firme un matrimonio ella sola. Pero la que es proactiva en edificarlo, en lugar de debilitar su matrimonio, agrada a Dios y anima a su marido a obedecerle también.

REBECA:
Avanzar con confianza

Así que llamaron a Rebeca y le preguntaron:
—¿Quieres irte con este hombre?
—Sí —respondió ella.
GÉNESIS 24.58 NVI

Si de alguna pareja se puede decir que fue hecha en el cielo, es de Isaac y Rebeca.

Abraham envió a su fiel siervo Eliezer a buscarle a Isaac una esposa de la tierra de sus padres. Solo tenía una instrucción: Isaac no debía abandonar la tierra a la que Dios había llevado a Abraham, décadas antes de su nacimiento.

Después de conocer a Rebeca, Eliezer estaba seguro de que ella era la indicada para Isaac. Emocionado, le propuso el matrimonio concertado. Su familia estuvo de acuerdo, pero le pidieron a Rebeca que esperara. Quizás esperaban que Isaac viniera.

Sin pensarlo dos veces, Rebeca aceptó marcharse sin esperar. Su decisión hizo que el matrimonio fuera vinculante y legal antes incluso de celebrar ninguna ceremonia. No la llamamos excéntrica por su disposición a irse con el desconocido. La llamamos romántica y valiente, una mujer de fe.

Cuando vio a su marido por primera vez, Rebeca bajó de un salto de su camello y él la llevó enseguida a la tienda de su madre.

Cuando tuvo que elegir entre opciones que le cambiarían la vida, Rebeca actuó con rapidez y decisión. Cuando Dios nos llame a actuar, demos un paso adelante con la misma confianza.

ABIGAIL:
Una consejera para el rey

*«Cuando el Señor [...] lo haya establecido como jefe de
Israel, no tendrá usted que sufrir la pena y el remordimiento
de haberse vengado por sí mismo, ni de haber derramado
sangre inocente. Acuérdese usted de esta servidora
suya cuando el Señor le haya dado prosperidad».*
1 Samuel 25.30–31 nvi

Abigail pronunció estas palabras para disuadir a David de que
atacara su tierra y matara a su familia y a sus sirvientes, tan
solo porque su marido, Nabal, se había negado necia y gro-
seramente a prestarle una ayuda bien merecida. Este diplo-
mático recordatorio de cómo se verían las acciones de David
en el futuro disuadió al futuro rey de Israel de cobrarse una
sangrienta venganza del egoísta esposo de Abigail, y de todo lo
que amaba o poseía.

Abigail había ido a ver a David con obsequios de alimento
y se había postrado a los pies del rey guerrero. Reconociendo
los agravios de su marido, se disculpó antes de darle a David
este sabio consejo de no seguir su primera intención. Tal
vez su discurso también hizo que el rey pensara en todos los
inocentes a los que estaría perjudicando si respondía con ira;
David se echó atrás enseguida en su duro plan de venganza.

La humilde reacción de Abigail, tan diferente a la orgullosa negativa de su marido, salvó a toda su casa y evitó que el
rey pecara. David, que reconoció su sabiduría y humildad y se
acordó de ella cuando falleció su marido, se sintió movido a
casarse con esta destacable mujer.

A la gente le encanta decirnos que «ninguna buena acción
queda impune». Pero eso no es necesariamente así en la
economía de Dios. Como Abigail, ¿haremos lo bueno con
valentía, seguiremos el mandamiento de Dios y recibiremos
su recompensa?

LA HIJA DE HERODÍAS:
Quince minutos de fama

*En el cumpleaños de Herodes, la hija de Herodías
bailó delante de todos; y tanto le agradó a Herodes
que le prometió bajo juramento darle cualquier cosa
que pidiera. Instigada por su madre, le pidió: «Dame
en una bandeja la cabeza de Juan el Bautista».*

MATEO 14.6–8 NVI

Si pudieras tener lo que fuera, ¿qué pedirías? La hija de
Herodías, siguiendo las órdenes de su madre, pidió la cabeza
de Juan el Bautista en una bandeja.

La Biblia nos cuenta el resto de la historia de Juan, pero
no vuelve a mencionar a la hija de Herodías. Después de su
famoso baile y de su horrenda petición, no sabemos cómo se
sintió, dónde vivió, o si alguna vez experimentó algún remordimiento. No sabemos cómo acaba su historia.

En las noticias leemos sobre acontecimientos extraños.
La gente se gana sus «quince minutos de fama» con hazañas
extravagantes, estúpidas u horribles. A veces, en ciertos ani-
versarios, los reporteros investigan los acontecimientos y qué
le ocurrió a cierta persona más adelante.

¿Qué captaría la cámara de televisión de nuestro reco-
rrido? ¿Qué diría de nuestras vidas en un vistazo de quince
minutos? Y, diez años después del hecho, ¿dónde estaríamos?
¿Todavía pecando? ¿Luchando? ¿O viviendo por fin una vida
perdonada y transformada?

Nosotras no sabemos lo que ocurrirá en el futuro ni cómo
nos afectarán los hechos de hoy, pero Dios sí. Él sabe cómo
nos sentimos. Podemos crecer y aprender de todas las experiencias de la vida, buenas o malas, y glorificar a Dios con
nuestras palabras y acciones.

¿Qué harás con tus quince minutos?

RAQUEL:
¿Era real?

Purifiquémonos de todo lo que contamina
el cuerpo y el espíritu, para completar en el temor
de Dios la obra de nuestra santificación.
2 Corintios 7.1 nvi

Raquel parecía la esposa perfecta para Jacob. Sus padres, Isaac y Rebeca, temerosos de que se casara con una idólatra cananea, habían enviado a buscarle esposa entre unos parientes lejanos. Raquel era la bellísima hija de Labán, hermano de Rebeca. Jacob se enamoró de ella en cuanto la vio.

Pero Labán engañó a Jacob para que se casara primero con Lea, la hermana de Raquel. Surgió la rivalidad entre las hermanas (Génesis 29–30), pues Jacob hizo evidente su preferencia por Raquel. Cuando Lea le dio hijos —lo que su cultura demandaba de una esposa— y Raquel no, la hermana preferida estalló de celos. Raquel culpó a Jacob de su infertilidad. Le entregó a su sierva y contó a los hijos que tuvo con ella como puntos que se anotaba contra Lea. Raquel reconoció que Dios le dio a José, aunque el nombre de su hijo significa «que él añada».

Sin embargo, la peor falta de Raquel fue robar los dioses de su padre (Génesis 31.34). ¿Le guardaba rencor a su padre por los líos matrimoniales que había provocado? O tal vez no podía dejar atrás a los ídolos.

A diferencia de Raquel, su hijo José amaba a Dios sin reservas. Su fe ayudó a su familia —y tanto a Egipto como a Israel— a sobrevivir.

Dios puede utilizarnos aun cuando, como Raquel, estamos lejos de ser perfectas. Pero ¡cuánto mejor es seguirle con todo nuestro corazón!

¿QUÉ SIGNIFICA EL NOMBRE DE ESA MUJER?

Al igual que hoy, algunos nombres bíblicos tenían su significado. Estos son algunos de esos significados, incluidos los nombres de algunas mujeres de este libro.

TIRSA: Delicias

TRIFENA: Lujosa

TRIFOSA: Lujo

ZEBUDA: Ganancia

ZILA: Sombra

ZILPÁ: Goteo

ZOBEBÁ: Toldo

ZERES:
Asesor deficiente

Su esposa Zeres y todos sus amigos le dijeron...
ESTER 5.14 NVI

Amán tenía mucho a su favor: dinero, posición y la confianza del rey. Tenía una esposa, Zeres, y un grupo de amigos. Viviría contento si no fuera por su odio a Mardoqueo. Mardoqueo no se inclinaba ante Amán, y eso lo enfurecía. Cuando Amán les contó esto a su esposa y sus amigos, le aconsejaron que colgara a Mardoqueo en una estaca muy alta.

De una esposa se espera que sea de ayuda, que dé buenos consejos. ¿Lo pensó Zeres antes de sugerir que Amán ejecutara a Mardoqueo? Tal vez se dejó llevar por las sugerencias de los amigos de Amán y se sumó a sus consejos. Quizá había pasado tanto tiempo cerca de Amán que se le contagió su mala costumbre de hablar sin pensar. Sea cual sea la razón, el consejo de Zeres condujo a la muerte de Amán.

¿Somos del tipo de personas que dan consejos basándose en lo que creemos que el otro quiere oír, y no en lo que necesita oír? Si Zeres le hubiera recordado a Amán lo bien que vivía o le hubiera aconsejado que pensara bien lo que iba a hacer, las cosas habrían ido de otra manera. En cambio, Zeres pagó su mal consejo perdiendo a su marido y, más tarde, a sus hijos.

Hablemos con sabiduría y coraje. Nosotras y las personas a las que aconsejamos nos alegraremos de haberlo hecho.

LA SUEGRA DE PEDRO:
Atendida por el invitado perfecto

La suegra de Simón estaba en cama con fiebre, y en seguida
se lo dijeron a Jesús. Él se le acercó, la tomó de
la mano y la ayudó a levantarse. Entonces se
le quitó la fiebre y se puso a servirles.
MARCOS 1.30–31 NVI

Cuando una fiebre alta le quitó a la suegra de Pedro la energía
que solía caracterizarla, se fue a la cama. Su hija le dijo que
Jesús y sus discípulos se acercaban a Capernaúm. Pedro y su
hermano, Andrés, pasaban cada vez más tiempo con Jesús.
¿Podría ser realmente el Mesías que todos anhelaban?

Sin duda, Jesús y los suyos se quedarían un tiempo.
Había mucho que hacer: una casa que limpiar, ropa de cama
por lavar, pan para hornear. La suegra de Pedro quería dar
un buen recibimiento a Jesús. Pero apenas podía moverse,
y mucho menos prepararle nada. Obligada a cederle la tarea
a su hija, odiaba sentirse impotente. ¿Se recuperaría alguna
vez?

Una mano áspera pero suave tomó la suya, despertándola
de su estupor. Ella se sobrecogió al ver a Jesús arrodillado
junto a su cama. Qué espectáculo debía de ser su apariencia:
¡con el pelo enmarañado, los ojos rojos, las mejillas hundidas!

Fluyó por ella una corriente con la frescura de un arroyo
de montaña. La fiebre ardiente desapareció. La fuerte mano
de Jesús la levantó para que se sentara y luego para que se
pusiera de pie. Se sintió como nueva, le dio las gracias una y
otra vez por haberla sanado.

Pero se dirigió enseguida a los fuegos de la cocina, decidida a preparar la mejor cena que él hubiera probado jamás.

¿Qué haríamos nosotras por nuestro Sanador?

BILHA:
Malas decisiones

*Entonces Raquel entregó a su sierva Bilha como esposa para
Jacob, y él durmió con ella. Bilha quedó embarazada y le dio
a Jacob un hijo. Raquel le puso por nombre Dan, porque dijo:
«¡Dios me ha hecho justicia! Oyó mi petición y me dio un hijo».*
GÉNESIS 30.4–6 NTV

Desde luego, la poligamia no era el diseño del Señor para
el matrimonio. Aunque la poligamia contribuyó a las doce
tribus de Israel, Dios creó a una mujer de un solo hombre y los
diseñó para ser una sola carne (Génesis 2.21–24).

El hogar de Jacob se complicó muchísimo después de
que aceptara casarse con dos hermanas. La competencia
entre ellas por la maternidad impidió cualquier sensación de
felicidad que Jacob y la mujer que realmente amaba, Raquel,
pudieran haber tenido. Como si tener dos esposas no fuera lo
suficientemente malo, la estéril Raquel aumentó la presión
emocional de la familia al hacer que su sierva, Bilha, diera a
luz a sus hijos. Por desgracia, la impotente Bilha no tenía ningún control sobre su matrimonio, sobre sus dos hijos o sobre
el resto de su vida. Luego, tras la muerte de Raquel, el hijo de
Jacob, Rubén, se acostó con Bilha, lo que tensó aún más la
situación.

Aunque Dios sacó cosas buenas de situaciones horribles,
cuánto más feliz podría haber sido la vida, sobre todo para
Bilha, si esta familia hubiera seguido el plan divino para el
matrimonio. Pero la familia de Jacob no podía volver atrás y
deshacer esas malas decisiones que los llevaron a un lugar tan
doloroso.

Si nos parece que estamos atascadas en una mala posición, recordemos a Bilha y a su familia y sigamos el plan de
Dios, y no algún cuestionable plan nuestro.

RUT:
Amar a los difíciles de amar

«¿Por qué me llaman Noemí si me ha afligido el
Señor, si me ha hecho desdichada el Todopoderoso?». Así
fue como Noemí volvió de la tierra de Moab
acompañada por su nuera, Rut la moabita.

RUT 1.21–22 NVI

Hay pocas frases de la Biblia tan conocidas como la súplica de
Rut a su suegra: «No me ruegues que te deje, y me aparte de
ti; porque a dondequiera que tú fueres, iré yo, y dondequiera
que vivieres, viviré. Tu pueblo será mi pueblo, y tu Dios mi
Dios» (Rut 1.16 RVR1960). Sus palabras se presentan como un
modelo para los maridos y las esposas.

Rut no le dijo las palabras a su marido, sino a su suegra,
Noemí. Con los años, habían estrechado sus lazos, pero la
muerte de su marido y sus hijos había convertido a Noemí en
una mujer amargada. Cuando regresaron a Belén, la ciudad
natal de Noemí, esta expresó su amargura. No parecía muy
fácil de amar.

Rut había pasado junto a Noemí los tristes giros que
habían tomado sus vidas. Noemí repetía el relato de sus desgracias, y así Rut revivía sus propias pérdidas. Si Rut hubiera
huido de la compañía de Noemí, nadie la habría culpado.
¿Cómo reprochárselo si se hubiera quejado?

En cambio, Rut amaba a Noemí, y lo demuestra con sus
acciones. Viajó con ella, suplió sus necesidades y siguió sus
consejos. Cuando Rut le entregó su hijo a Noemí, su suegra ya
había cambiado.

Si Dios nos coloca cerca de personas de compañía difícil,
amémoslas escuchando, respetando y atendiendo sus necesidades. Que Dios sane su dolor, y nos use para ello.

ESTER:
Tiempo para ser valiente y sabia

Mardoqueo le envió la siguiente respuesta a Ester: «No te creas que por estar en el palacio escaparás cuando todos los demás judíos sean asesinados. Si te quedas callada en un momento como este, el alivio y la liberación para los judíos surgirán de algún otro lado, pero tú y tus parientes morirán. ¿Quién sabe si no llegaste a ser reina precisamente para un momento como este?».

ESTER 4.13–14 NTV

«Para un momento como este» son las palabras que motivaron a Ester a actuar. Ella era la elegida. La única que tenía el poder, la posición y la posibilidad de salvar a su pueblo. ¿Tendría también el valor?

También nosotras nos enfrentamos a encrucijadas similares a la de Ester. ¿Debemos alzar la voz cuando vemos injusticias? ¿Qué medidas deberíamos o podríamos tomar? ¿Decimos a nuestros compañeros de trabajo y amigos que no nos gustan los cotilleos ni burlarnos de los demás? ¿Cómo abordamos los problemas de oponernos a la tolerancia que todos suelen tener a los prejuicios y la desigualdad?

La vida no siempre es justa, pero Dios sí lo es. Si acudimos a él, encontramos el valor para actuar. Leyendo su Palabra y escuchándolo en la oración, hallamos la sabiduría para saber qué dirección tomar. Él nos guiará en cuanto a las batallas que debemos librar.

Dios necesita guerreras dispuestas a defender a los desvalidos y a ayudar a los pobres. Él nos dará el tiempo, la fuerza y el coraje; solo necesitamos estar abiertas a su llamado a la acción. Quizás ahora mismo seamos nosotras las llamadas «para un momento como este».

LA ESPOSA DE LOS SIETE HERMANOS:
Sin pensamientos obtusos

*Ahora bien, en la resurrección, ¿de cuál
de los siete será esposa esta mujer, ya que
todos estuvieron casados con ella?*

MATEO 22.28 NVI

Los saduceos siempre estaban interesados en hacer tropezar
a Jesús. Pensaron que tenían la oportunidad de hacerlo con
el ejemplo de esta mujer que tuvo siete maridos. Conocían
la parte correcta de la ley. Moisés había ordenado que si un
hombre moría sin tener hijos, su hermano debía casarse con
la viuda y darle descendencia al hermano. Sin embargo, más
allá de eso, los saduceos no entendieron las Escrituras.

Jesús respondió que el matrimonio en el cielo no será
como aquí en la tierra. Cuán sorprendidos debieron de estar
los que lo escucharon. Tal vez nosotras también estemos
sorprendidas. Es difícil no comparar lo familiar con lo desconocido, no tomar lo que vemos y sabemos y aplicarlo a todo,
incluso al cielo.

Jesús continúa mostrándoles a ellos, y a nosotras, lo obtu-
sos que pueden ser nuestros pensamientos: «Ustedes andan
equivocados porque desconocen las Escrituras y el poder de
Dios» (Mateo 22.29 NVI). A menudo también caemos en la
trampa de empequeñecer a Dios y restarle poder en nuestro
pensamiento. Esto puede crear brechas en nuestra fe y hacer-
nos cuestionar la capacidad de Dios.

Los saduceos veían la vida a través del conocimiento,
no de la fe. Tenemos que hacer exactamente lo contrario
y ver la vida a través de la fe. Si así lo hacemos, llegará el
conocimiento.

LA ESPOSA DE SANSÓN:
Elección imposible

Al cuarto día le dijeron a la esposa de Sansón: «Seduce a tu esposo para que nos revele la adivinanza; de lo contrario, te quemaremos a ti y a la familia de tu padre. ¿Acaso nos invitaron aquí para robarnos?».

JUECES 14.15 NVI

Ni siquiera sabemos su nombre.

Antes de conocer a Dalila, Sansón se enamoró de otra mujer filistea. En aquel entonces, Israel estaba bajo el control de Filistea. Los filisteos podían quitarles todo lo que quisieran. Pero Sansón la amaba intensamente. Los padres arreglaron el matrimonio y se celebró la boda.

Su esposa no correspondió a sus sentimientos. Se pasó llorando los siete días de la fiesta de bodas. Cuando los invitados le pidieron que averiguara la respuesta al acertijo de Sansón, no dudó. Cuando ganaron la apuesta, Sansón se vengó matando a treinta filisteos. Regresó a su hogar sin su esposa.

Los invitados a la boda se habían asegurado la colaboración de ella amenazando con quemar a su familia. Después de que Sansón se marchara, su padre la entregó a uno de los asistentes a la boda como premio de consolación. Cuando Sansón volvió a atacarlos, cumplieron sus amenazas: muerte por fuego.

Como otras mujeres del pasado y del presente, la esposa de Sansón aparece como un simple peón en los acontecimientos que la rodean. Todas sus opciones eran igual de peligrosas. ¿En qué podría —o debería— esta mujer anónima haber tomado partido?

También nosotras podemos enfrentarnos a elecciones imposibles. Pero Dios nos dará la sabiduría y el valor para actuar.

ORFA:
¿Hacer lo que es natural?

Pero a los que van por caminos torcidos
deséchalos, SEÑOR, junto con los malhechores.
SALMOS 125.5 NVI

Orfa se casó con Quilión, cuya familia hebrea se había trasladado a la Moab natal de ella. Después de la muerte de Quilión, Orfa, junto con Rut, su cuñada viuda, se comprometió a regresar con su suegra, Noemí, a Israel para comenzar una nueva vida. Tal vez la bondad de Noemí a lo largo de los años influyó en que Orfa se planteara dejar a su propia familia. Tal vez Orfa había llegado a apreciar al Dios de Noemí.

Pero Noemí, afligida por la muerte de su marido y de sus hijos, les pintó a las jóvenes viudas un panorama sombrío sobre el futuro con ella.

Orfa se despidió de su suegra con un beso. Como su bienestar dependía de poder casarse, la elección de Orfa tenía sentido. Su país e Israel habían estado enfrentados por siglos; la mayoría de los varones judíos, a diferencia de Quilión, dudarían en casarse con una enemiga. Un hombre que compartiera los orígenes de Orfa era una perspectiva de matrimonio mucho mejor. Además, aunque Orfa admiraba a Noemí y a su Dios, Yahvé parecía más estricto que el dios Quemós de Moab y Astarté, la diosa de la fertilidad. ¿Realmente quería Orfa pasar toda la vida cumpliendo todos esos mandamientos? Regresó a su pueblo y a sus dioses.

El Antiguo Testamento no vuelve a mencionar a Orfa, pero la literatura rabínica la relaciona con la promiscuidad que dio lugar a una descendencia pagana que luchó contra el pueblo de Dios, un marcado contraste con los descendientes de Rut, que incluyen al rey David y a Jesucristo.

Todo porque Orfa hizo lo lógico y natural.

EL PLAN DE CONSTRUCCIÓN DE LA MUJER SABIA:
Un hogar sólido

La mujer sabia edifica su casa;
la necia, con sus manos la destruye.
PROVERBIOS 14.1 NVI

La construcción de una casa implica muchas cosas. Además de los materiales de construcción, hay que invertir tiempo, energía y dinero. También se necesita una buena dosis de paciencia. Una vez terminada la casa, hay que tomar otras decisiones, como la decoración y el arreglo de los jardines.

Así como elegimos qué cuadros colgar en las paredes y qué muebles comprar, también decidimos el tono de nuestras casas. ¿Hemos preparado un hogar cuyo tono sea de calma y paz? ¿Se enseña la Palabra de Dios en él? ¿La gente sale de nuestra casa sintiéndose animada después de pasar un rato en ella?

¿O hemos establecido un tono de discordia, creando una atmósfera de agitación en la que nuestras familias están tensas y nadie se siente bienvenido? El tono que establecemos mantiene los muros firmes o hace que se agrieten y acaben derrumbándose a nuestro alrededor.

Examina tu casa. ¿La estás llenando de amor, instrucción, paz, perdón, compasión y amabilidad? ¿Estás decidida a no permitir en tu casa nada que no sea beneficioso para los que viven en ella?

Si te parece que el tono de tu casa anima más a la demolición que a la construcción, no te desanimes. Con la ayuda de Dios. no es demasiado tarde para hacer un cambio. Un hogar reconstruido y piadoso no siempre estará libre de tensiones, pero si está construido sobre los firmes cimientos de Cristo, seguro que se mantendrá.

AHINOAM:
Disfruta el hoy

*Las dos esposas de David eran Ahinoam de Jezreel y Abigail,
la viuda de Nabal de Carmelo. David, sus esposas y los
hombres de David junto con sus familias se mudaron a
Judá, y se establecieron en las aldeas cercanas a Hebrón.*

2 SAMUEL 2.2–3 NTV

Antes de ser coronado rey de Judá, David llevó a su familia y a
sus seguidores a Hebrón, una importante ciudad de la región
montañosa de Judea. Permanecieron allí siete años, hasta
que David conquistó Jerusalén y trasladó allí su capital. Pero
esos primeros años de su matrimonio con Ahinoam no fueron
apacibles. La guerra de David continuó en su lucha contra el
hijo de Saúl, Isboset, por el trono de Israel.

Sin embargo, a lo largo de los años siguientes, ¿consideró
Ahinoam que esos años en la ciudad donde nació su hijo
Amnón fueron los mejores de su vida? Aunque Jerusalén
era más grandiosa que Hebrón, su vida allí también le depa-
raba horribles dificultades impredecibles. En Jerusalén, su
hijo escucharía un mal consejo y violaría a su hermanastra,
Tamar, un hecho que inició la espiral descendente de la vida
familiar de David. Y finalmente el único hijo de Ahinoam sería
asesinado por su furioso hermanastro Absalón.

A menudo miramos al futuro esperando cosas mejores.
Pero Dios nos da cada día para que lo disfrutemos. ¿Nos deleitamos en el presente o tan solo esperamos tiempos futuros?
Si es así, tengamos en cuenta que esos días desconocidos
podrían acabar trayendo más problemas que momentos feli-
ces. Aprovechemos al máximo cada uno de los días que Dios
nos regala.

LA HIJA DE JAIRO:
Tomar la mano de Jesús

Cuando Jesús llegó a la casa del oficial, vio a una ruidosa multitud y escuchó la música del funeral. «¡Salgan de aquí! —les dijo—. La niña no está muerta; solo duerme»; pero la gente se rio de él. Sin embargo, una vez que hicieron salir a todos, Jesús entró y tomó la mano de la niña, ¡y ella se puso de pie!

MATEO 9.23–25 NTV

La hija de Jairo estaba muerta y Jesús llegó demasiado tarde para salvarla. Cuando le dijo a la multitud que ella solo estaba durmiendo, todos se rieron de él. No le creyeron. Sabían lo que habían visto: la niña estaba muerta. No había esperanza. Nada que hacer. Era el final. Ya sonaba la música funeraria.

Pero Jesús lo cambió todo; su presencia abrió otra posibilidad. Con un solo toque alteró el destino, y su compasión creó un nuevo final alternativo. Cuando él tomó su mano, la niña se levantó.

Jesús también nos tiende la mano a nosotras. Cuando las circunstancias de nuestra vida parecen sombrías y tenemos muy pocas opciones, Dios está ahí. Cuando la única ruta que tenemos por delante es oscura y aterradora, él permanece con nosotras.

El Dios de la esperanza está siempre presente. Él crea opciones y nos muestra el siguiente paso. Otros quizás se rían de nuestra fe. Puede que no crean en lo que sabemos que es verdad. Pero conocemos a Aquel cuyo toque sana e infunde el valor para levantarnos de nuevo.

El amor de Dios convierte la música fúnebre en celebración de nueva vida. Los nuevos comienzos, las nuevas opciones y la esperanza renovada transforman nuestras expectativas de futuro.

Toma la mano de Jesús y levántate para entrar en el nuevo día de Dios.

LAS MUJERES QUE SEGUÍAN A JESÚS:
La fe en acción

Estaban allí, mirando de lejos, muchas
mujeres que habían seguido a Jesús
desde Galilea para servirle.
MATEO 27.55 NVI

La muerte de Jesús fue presenciada por muchos, entre ellos María Magdalena, la madre de Jacobo y José, y la madre de los hijos de Zebedeo.

Qué horrible debió de ser para estas mujeres presenciar todo lo que le estaban haciendo a Jesús. No se trataba de alguien que conocieran por referencias. Habían seguido a Jesús y su ministerio las había afectado personalmente. Ahora lo estaban viendo sufrir una muerte horrenda en una cruz.

En el Evangelio de Lucas, Jesús dice a los que le rodean: «Si alguno de ustedes quiere ser mi seguidor, tiene que abandonar su propia manera de vivir, tomar su cruz cada día y seguirme» (Lucas 9.23 NTV). Estas mujeres estaban experimentando este pasaje de las Escrituras. Abandonaron sus miedos, dejaron de lado su comodidad y se arriesgaron a una posible persecución porque deseaban seguir a Jesús.

No todos los lugares a los que nos lleva Jesús van a ser cómodos. Más de una vez se nos romperá el corazón. Lloraremos ante la injusticia, temeremos a la multitud que nos rodea y nos preguntaremos cómo la gente puede tratar a Cristo con tanto desprecio. Sí, seguir a Jesús puede ser un reto.

Sin embargo, estas mujeres nos muestran que se puede. Aunque alejarse hubiera sido más fácil que ver a Cristo sufrir y morir, ellas permanecieron fieles. Su firmeza es para nosotras un ejemplo de cómo es la fe en acción.

NOTAS